Albert C. Vinci · Die Notenschrift

Albert C. Vinci

Die Notenschrift

Grundlagen der traditionellen Musiknotation

Deutsch von Dietrich Berke

Bärenreiter Kassel · Basel

Titel der amerikanischen Originalausgabe:
Albert C. Vinci, *Fundamentals*
of Traditional Musical Notation
© 1985 The Kent State University Press

© 1988 für die deutsche Ausgabe:
    Bärenreiter-Verlag
Karl Vötterle GmbH & Co. KG, Kassel
Umschlaggestaltung: Jörg Richter, Emstal-Sand
Noten: The Kent State University Press
Satz: Grunewald Satz + Repro GmbH, Kassel
Druck und buchbinderische Verarbeitung:
Werbedruck GmbH Horst Schreckhase,
Spangenberg
Printed in Germany

ISBN 3-7618-0900-X

Inhalt

Vorwort zur deutschen Ausgabe

Dietrich Berke

Das vorliegende Buch ist eine Einführung in die musikalische Orthographie. Angesichts der überragenden Bedeutung, die der Musikschrift international zukommt, ist es überraschend, daß sie auf keiner Stufe der musikalischen Ausbildung von Grund auf gelehrt wird. Elemente der musikalischen Notation werden zwar bereits im frühen Instrumentalunterricht vermittelt, doch liegt der Schwerpunkt zweifellos auf der Fähigkeit, Notenbilder *lesen*, nicht aber Musik exakt *schreiben* zu können. Möglich, daß das Fehlen eines geeigneten Lehrbuches Grund für mangelhafte Ausbildung in der Orthographie der Notenschrift ist. Die Anweisungen, die das vorliegende Buch enthält, basieren auf anerkannten und standardisierten »Stecherregeln«, ohne mit ihnen restlos identisch zu sein (siehe hierzu weiter unten). Der Benutzer findet hier also keine Anweisung für berufsmäßige Kopiatur von Musik oder eine Darstellung des traditionellen Notenstichs – hierfür muß auf Spezialliteratur verwiesen werden, die im Literaturverzeichnis zusammengestellt ist. Die Fähigkeit, Noten richtig und so zu schreiben, daß sie mühelos lesbar und für Instrumentalisten und Sänger gut umsetzbar sind, soll in dieser Schrift gelehrt werden – nicht mehr, aber eben auch nicht weniger.

Einige zusätzliche Hinweise seien mir erlaubt: Die Zielsetzung des Buches hat Albert C. Vinci auch in seinem Vorwort zur amerikanischen Originalausgabe dargelegt. Die Beispiele der Originalausgabe wurden, mit übersetzten Legenden versehen, unverändert übernommen. Nicht übernommen haben wir den »Appendix« mit einer Auflistung von Verlagen und technischen Betrieben, in denen Noten gestochen oder sonstwie typographiert werden. Für den Zweck dieses Buches erschien diese Auflistung entbehrlich. Nicht verzichten wollten wir dagegen auf das Literaturverzeichnis, das wir um einen Anhang mit leicht zugänglicher weiterführender deutscher Literatur erweitert haben. Desgleichen folgt unser Sachwortverzeichnis im wesentlichen dem System des amerikanischen Originals. Tonbuchstaben wurden entsprechend deutschen Gepflogenheiten (z. B. c – f – c′ – g′ etc.) benutzt. Handelsübliches Notenpapier ist in jeder guten Musikalienhandlung erhältlich. Es wird in einer außerordentlich großen Vielfalt von Formaten mit Fünfliniensystemen in unterschiedlicher Zahl und Rastralgröße angeboten, angefangen bei hoch- oder querformatigen Schulheften über Ringbücher im DIN A4-Format bis hin zu großformatigen Doppelblättern mit mehr als 40 Systemen pro Seite. Die Wahl des Papiers richtet sich stets nach dem Zweck und sollte mit dem Lehrer abgesprochen werden.

Einige wenige der in diesem Buch gegebenen Anweisungen weichen von den traditionellen Stecherregeln geringfügig ab. Bei Klaviernotation wird im allgemeinen nicht die in Beispiel 1.4 (S. 14) wiedergegebene Balkenklammer, sondern die geschweifte Klavierklammer verwendet, die allerdings bedeutend schwieriger zu zeichnen ist. Von den in Beispiel 2.1A (S. 23) angeführten unterschiedlichen Halslängen einzeln stehender Noten wird von deutschen Stechereien nur die dritte

7

Variante (3 ½ Zwischenräume oder eine Oktave) verwendet, doch empfiehlt sich für Manuskriptnotation in der Tat die kürzere Halsung in der Länge einer Sept. Pausierungen mehrerer Takte werden in professioneller Notenschrift und im Notenstich erst ab neun Takten durch die in Beispiel 2.16 (S. 29) beschriebenen Balken dargestellt; Pausen von zwei bis acht Takten werden der Anzahl der Pausentakte entsprechend exakt mit Pausenzeichen notiert, zum Beispiel:

Die Halsrichtung führt bei verbalkten Notengruppen in sogenannten neutralen Positionen der Köpfe, also bei gleicher Anzahl von Notenköpfen mit gleichen Abständen ober- und unterhalb der Mittelline, stets abwärts. In diesem Sinne wären in Beispiel 4.13 (S. 61) die zweite Notengruppe auf der obersten Zeile und die letzte Notengruppe in der dritten Zeile ebenfalls abwärts zu halsen. Halte- und Bindebögen beginnen und enden bei gestochenen Noten oberhalb bzw. unterhalb des gedachten vertikalen Durchmessers eines Notenkopfes, doch ist für Manuskriptnotation die in Beispiel 6.1A (S. 74) dargestellte Praxis leichter zu handhaben. Die in Beispiel 6.15 (S. 81) als »inkorrekt« bezeichnete Kombination von Halte- und Bindebogen war im 18. Jahrhundert durchaus üblich und wird heute noch in modernen wissenschaftlich-kritischen Editionen solcher Musik, z. B. in der Neuen Mozart-Ausgabe, verwendet.

Notationen von Tonartwechseln, wie sie in Beispiel 7.30 (S. 98) dargestellt sind, werden in modernen Editionen nach wie vor angewandt und sind zur Vermeidung von Irrtümern auch durchaus zu empfehlen. Dagegen sollten einfache Akzente (>) wirklich nur bei äußerstem Platzmangel in das System hineingenommen, sonst aber stets außerhalb des Systems plaziert werden (Beispiel 8.3, S. 101, drittes System).

Sachdienliche Informationen zur Stichzeugbezeichnung (Beispiel 1.2, S. 12) gab mir Wolfgang Quinque (VEB Deutscher Verlag für Musik, Leipzig). Mein Kollege Gert Bronder (Bärenreiter-Verlag, Kassel) hat die Notationsanweisungen dieses Buches im Lichte moderner Stecherregeln kritisch überprüft. Beiden sage ich aufrichtigen Dank. Besonderer Dank gebührt auch meinen Verlagskollegen im Bärenreiter-Verlag, Kassel, für die lektoratsmäßige und herstellerische Betreuung des Buches.

Vorwort und Dank

Albert C. Vinci

Dieses Buch wurde für Musikstudenten entwickelt und geschrieben und soll in musiktheoretischen Grundkursen sowie in verwandten Fächern als zusätzliche Arbeitshilfe dienen. Die Darstellung folgt dabei dem Grundgedanken, den Studenten jener Fächer zu fördern und anzuleiten, sich einen eigenen lesbaren Schreibstil anzueignen, den er in allen musikalischen Ausbildungsklassen anwenden kann und der auch Anforderungen von musikalischen Aufführungen genügt.

Anders als sonst in Büchern über Handschrift, Notation und Musikherstellung findet der Student hier keine Übungen, die sich mit bloßen Manuskripten (Originalen oder Faksimiles) und deren Transkription, Verbesserung oder Korrektur beschäftigen. Wie in allen Phasen einer musikalischen Aufführung muß der Student auch seine schöpferischen und nachschöpferischen Fähigkeiten auf der Basis von nachweisbarer Ausbildung, Disziplin und anzueignendem Wissen erwerben. In der Ausbildung von Berufsmusikern sollte die Praxis der Notation keinen geringeren Stellenwert einnehmen als irgendein anderer Aspekt professionellen musikalischen Könnens. Die Musiktheorie und die mit ihr zusammenhängenden Kurse bergen Quellen von Materialien, die umgeschrieben, verbessert und korrigiert werden müssen. Wenn der Student mit den Prinzipien der Notation, wie sie in diesem Buch dargeboten werden, vertraut geworden ist, sollte er angehalten werden, sie verantwortungsbewußt und zuverlässig in allen entsprechenden Arbeiten in den übrigen Ausbildungsklassen anzuwenden.

Historische und entwicklungsgeschichtliche Aspekte der musikalischen Notation wurden bewußt ausgespart. Ganz spezielle Notationsstile, die von einflußreichen Komponisten, Arrangeuren und Verlagshäusern entwickelt wurden, weichen oftmals von traditionellen Normen und Praktiken ab, wobei sie durchaus logisch und fortschrittlich erscheinen mögen. Brauchbarkeit und Bedeutung solcher Abweichungen und Alternativen reichen nicht aus, um sie in die musikalische Ausbildung in den Grundkursen mit einzubeziehen, vor allem dann nicht, wenn sie die traditionellen Ordnungen, auf denen sie basieren, verdrängen.

Die traditionelle Musiknotation ist ein einzigartiges grafisches Zeichensystem, entworfen, musikalische Gedanken schriftlich zu verkörpern und sie einem Ausführenden zu vermitteln. Aber während die Anwendung der musikalischen Schriftsymbole auf eine zweidimensionale Fläche beschränkt bleibt, fließt die Musik selbst in der Zeit, und eben deshalb verlangen die musikalischen Grundelemente, wie etwa die Parameter Dauer, Tonhöhe, Lautstärke und Klangfarbe, adäquat standardisierte grafische Formen. Die Zweidimensionalität einer Notenseite oder einer Anordnung von Liniensystemen bietet ein Koordinatensystem, auf dem der musikalische Zeitverlauf und die Tonhöhen optisch dargestellt werden können. Die von links nach rechts verlaufende Folge von Noten- und Pausensymbolen stellt den musikalischen Zeitablauf dar, während die Position der Notenköpfe im Verhältnis zu den Linien und Zwischenräumen des Liniensystems Höhe oder Tiefe repräsentiert. Die präzise Bedeutung von Tonstufen innerhalb des Systems wird durch Schlüssel und Vorzeichen definiert. Symbole, die sich auf Dynamik, Phrasierung, Artikulation und weitere Aufführungshinweise beziehen, bereichern die Möglichkeiten zur Darstellung musikalischer Gedanken auf dem Koordinatensystem. Von all den verschiedenen musikalischen Parametern sind nur Zeit und Tonhöhe optisch in eine räumliche Anordnung übertragbar. Voraussetzung für die Vermittlung dieser Parameter ist darum die Verwendung entsprechender feststehender, standardisierter Symbole.

Ein umfassender und eingehender Überblick über die Notationspraktiken, wie ihn die zur Zeit gültigen Kataloge anerkannter europäischer, amerikanischer und asiatischer Stechereien und Verlage ermöglichen, läßt einen signifikanten Mangel an Einheitlichkeit bei der Behandlung notationsmäßiger Details, sowohl innerhalb der Betriebe selbst als auch im Vergleich untereinander, erkennen. Der vorliegende Abriß versucht, innerhalb dieser Vielfalt zu einer Standardisierung zu gelangen, und bildet so eine in sich geschlossene und lebensfähige Basis, von der aus die Entwicklung weiterer einheitlicher Notationsmethoden möglich ist.

Der Gang der Darstellung erhebt den Anspruch auf ein gewisses Maß an Logik und Funktionalität, was eine Übernahme in eine größere Zahl von Lehrplänen für den Theorieunterricht möglich macht. Das Buch behandelt nicht jene notationstechnischen Details, die von Komponisten, Stechern und Kopisten als »Stichregeln« für den Publikationsprozeß von Musikalien entwickelt worden sind. Die in diesem Buch formulierten Standards sind, wenngleich sie auf anerkannten Regeln und Praktiken des Notenstichs basieren, für eine angemessene Manuskript-Notation und für Theoriestudien bestimmt. Das Buch bietet so eine Zusammenfassung jener Grundlagen der traditionellen Notation, die den Kern der schriftlichen musikalischen Kommunikation bilden.

Großer Dank gebührt Dr. Stanley Schleuter und Dr. Terry Kuhn für ihre Vorschläge, Anregungen und ständige Unterstützung während der Arbeit an diesem Projekt; Dr. W. Richard Shindle, der mein Interesse an der historischen Entwicklung der Notation weckte und leitete; schließlich Dr. James Waters, dessen Rat, Einsicht, Geduld und Beharrlichkeit die Vollendung des Projekts ermöglichten.

1. Liniensystem und Schlüssel

Das Liniensystem, Grundelement traditioneller Notation, kann, je nach den besonderen musikalischen Anforderungen, in einer Vielzahl von Formen, Größen und Verwendungsarten auftreten. Die beiden heute allgemein gebräuchlichen Formen, die fünf parallelen Linien mit Zwischenräumen und die das Zeitkontinuum darstellende Einzellinie (verwendet für Perkussionsinstrumente mit indifferenter Tonhöhe), sind in Beispiel 1.1 wiedergegeben.

Beispiel 1.1

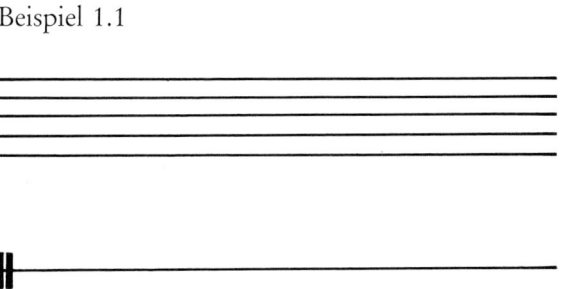

Da das Liniensystem für die Notation eine Art Koordinatensystem darstellt, verleihen die Formen des Systems den Zeichen, die auf ihm angebracht werden, Bedeutung, Beziehung untereinander und Präzision. Daraus folgt, daß eine gründliche Kenntnis des Liniensystems und seiner verschiedenen Größen notwendig ist, ehe man sich anderen Aspekten der traditionellen Musiknotation zuwendet.

Seit dem Aufkommen der Druckerpresse haben die Notenstecher neun Größenvarianten des Fünfliniensystems entwickelt und standardisiert. Der vertikale Abstand zwischen den parallelen Linien einer jeden dieser Varianten wird als deren »Rastralgröße« bezeichnet und ist durch eine Rastralgrößen-Nummer gekennzeichnet. Bestimmte Rastralgrößen von Notensystemen werden von den Verlagen weltweit nur für bestimmte Arten von Musik verwendet. Beispiel 1.2 (Seite 12) zeigt die neun standardisierten Rastralgrößen des Fünfliniensystems.

Art der Musik, Komplexität der Notation, Anforderungen an Aufführung und Wiedergabe: dies alles muß bei der Wahl einer bestimmten Form des Liniensystems für entsprechende Theorieübungen vorbedacht werden. Für die meisten Theorieübungen genügt Notenpapier in den handelsüblichen Formaten (vgl. das Vorwort zur deutschen Ausgabe).

Sowohl das Einliniensystem als auch das moderne Fünfliniensystem können im Theorieunterricht effektiv eingesetzt werden. Das Einliniensystem eignet sich besonders gut für Diktatnachschriften und Notationen von Rhythmus-Übungen. Die Einlinigkeit dieses Systems kommt der Konzentration auf metrische und rhythmische Details insofern entge-

Beispiel 1.2

Rastral-Nr.	Notensystem	Stichzeug-bezeichnung *)	Allgemeine Verwendung
0		Außergewöhnlich	Schreibblöcke mit Drahtheftung
1		Stimm-Zeug	Elementarwerke für Orchester und Blaskapellen; kleine Übungsbücher
2		Maho-Zeug	Kaufausgaben; Konzertwerke; Klassik
3		Gewöhnlich-Zeug	Werke mit größerer Dichte musikalischer Symbole
4		Peters-Zeug	Querformate, Orgelwerke etc.
5		Großmittel-Zeug	Blech- und Holzbläsermusik; Kaufausgaben
6		Kleinmittel-Zeug	Chorwerke; Kaufausgaben mit engerem Notenbild
7		Kadenz-Zeug	Taschenpartituren; Stichnoten in Klavier- und Orchesterstimmen; Militärmärsche
8		Großperl-Zeug	Thematische Incipits; ossia-Systeme

*) *Stichzeugbezeichnungen der Notenstecherei ehem. C. G. Röder und F. M. Geidel, Leipzig, heute zusammengefaßt in: Offizin Andersen Nexö, Leipzig*

gen, als es die tonhöhenmäßigen Implikationen, die sich bei der Verwendung des Fünfliniensystems aufdrängen könnten, optisch in den Hintergrund treten läßt. Da die Länge des Systems durch die Breite des Notenpapiers bestimmt wird, ermöglicht die Einlinigkeit eine weit größere Anzahl von Systemen pro Seite als die Fünflinigkeit. Beispiel 1.3 zeigt, wie das Einliniensystem für die Notation von Rhythmus-Diktaten eingesetzt werden kann.

Beispiel 1.3

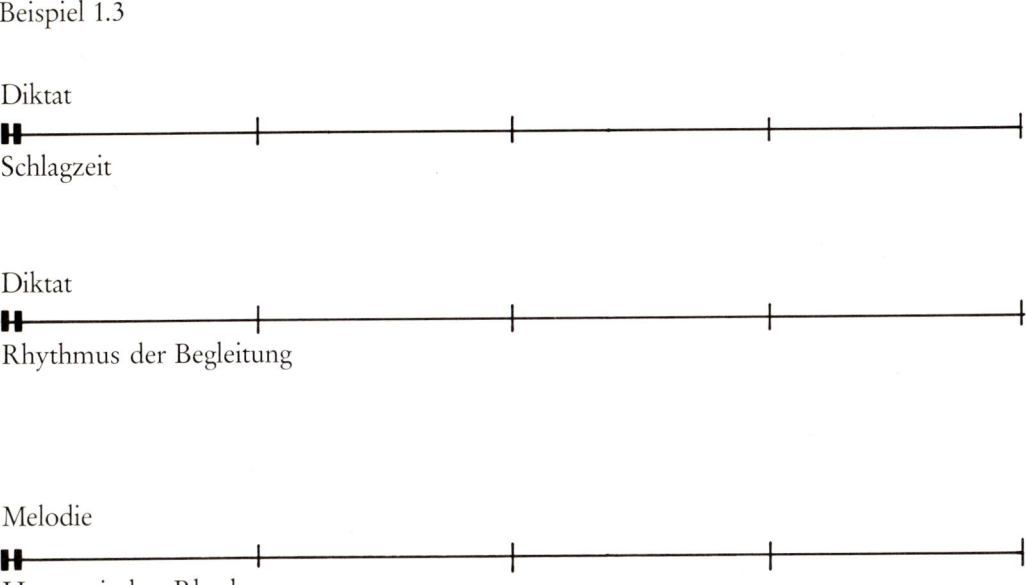

Diktat

Schlagzeit

Diktat

Rhythmus der Begleitung

Melodie

Harmonischer Rhythmus

Das Fünfliniensystem kann für alle Tonübungen verwendet werden, eingeschlossen Melodie- und Harmonieübungen, sofern sie ohne Doppelsystem oder Akkoladen mit mehreren Systemen auskommen. Die Praktikabilität der Rastralgröße bei Verwendung eines einzelnen Fünfliniensystems sollte bestimmt sein durch Bequemlichkeit bei vergleichender Analyse, durch die Dichte der melodischen und harmonischen Faktoren innerhalb der Übung, und der Notationsvorgang selbst sollte durch ein Minimum an physischer Bewegung eine optimale Flächenausnutzung erreichen. Rastralgröße 0 eignet sich gut für Harmonieübungen sowohl mit geschlossenen als auch mit offenen Notenköpfen, während für melodische Übungen und Tonleiterstudien Rastralgröße 2 ideal ist. Wollte man Rastralgröße 0 für Melodieübungen verwenden, so würde die Größe der zu zeichnenden Notenköpfe das Tempo der Niederschrift beeinträchtigen, während wiederum Rastralgröße 2 bei Harmonieübungen zu einer zu großen Dichte der Notenköpfe führt und damit die klare Unterscheidbarkeit erschwert. Ein Kompromiß bietet sich in Rastralgröße 1 an; er würde bei einem Minimum an Annäherung zwischen melodischen und harmonischen Übungen eine Normierung in der Wahl des Rastrals ermöglichen.

Das Doppelsystem, wie es für Klaviernotation verwendet wird, ist das für die Theorieübungen am meisten bevorzugte System. Wenn aber bei Chorsatzübungen beide Fünfliniensysteme des Klaviersystems zu geteilten Systemen werden, wenn also getrennt behalste Sopran- und Altstimmen das obere System und Tenor- und Baßstimmen entsprechend das untere teilen, erweist sich der Abstand der Systeme als zu eng. Diese Enge wird deutlich, wenn man sieht, wie bei geteilter Notation die abwärts bzw. aufwärts gerichteten Hälse der Alt- und Tenorstimme bei diesem Abstand ein optisches Durcheinander verursachen. Um eine einwandfreie optische Perspektive und Klarheit des Notenbildes zu erreichen, sollte man den Abstand der beiden Systeme zueinander vergrößern und statt der Klaviernotation ein »Chor-Doppelsystem« verwenden. Der optische Unterschied zwischen beiden Systemen ist in Beispiel 1.4 dargestellt.

Beispiel 1.4

Klavier-Doppelsystem *)

Chor-Doppelsystem
(für getrennte Behalsung)

Gruppierungen von zwei oder mehreren Systemen bilden eine Akkolade. Derartige Akkoladen (oder Partituren) können zum Zwecke von Klarstellung und Illustration sehr nützlich sein und bieten darüber hinaus die Möglichkeit, die Informationen auf das zu konzentrieren, worum es jeweils geht. Gegliedert wird die Akkolade durch die vertikale Linie, die sie nach links begrenzt, und durch die »Balken-« oder »Chorklammer«. Die vertikale Akkoladenlinie verbindet die zu einer Akkolade gehörenden Systeme, während die Balken- oder Chorklammer zur Gruppierung von Systemen innerhalb einer Akkolade bis hin zur Zusammenfassung aller Systeme einer Akkolade verwendet wird. Beispiel 1.5 zeigt die Verwendung der linken vertikalen Systemlinie in Verbindung mit Balkenklammern zur Gliederung von Akkoladen für die unterschiedlichen Anforderungen, die der Theorieunterricht stellt.

) Vgl. Vorwort zur deutschen Ausgabe

Beispiel 1.5

Fortsetzung nächste Seite

Beispiel 1.5 *(Fortsetzung)*

In der modernen Notenschrift werden Schlüssel zur Festlegung bestimmter oder zur Bezeichnung unbestimmter Tonhöhen verwendet. Der G- und der F-Schlüssel sowie die beiden Arten des C-Schlüssels, nämlich der Alt- und der Tenorschlüssel, legen jeweils bestimmte Tonhöhen fest. Der Schlagzeugschlüssel bezeichnet dagegen eine indifferente Tonhöhe und wird entsprechend für die Notation von Instrumenten indifferenter Tonhöhe eingesetzt. Er wird darüber hinaus in einer größeren Zahl von Perkussionsnotationen angewandt, wie später in Beispiel 1.11 gezeigt wird.

Wenn man zwischen einer bestimmten Tonhöhe und einer Stelle innerhalb des Notensy-stems eine Verbindung herstellen will, so wird der Schlüssel zum Bezugspunkt, von dem aus sich alle anderen Tonhöhen ableiten. Der F-Schlüssel (𝄢) bezeichnet die Tonhöhe f; seine Plazierung und korrekte Zeichnung müssen den folgenden Kriterien genügen: die beiden vertikal übereinander stehenden Punkte müssen jeweils in der Mitte des Zwischenraums oberhalb und unterhalb der 4. Linie des Fünfliniensystems stehen; das 𝄢-Zeichen muß sich in seiner Größe proportional zur Rastralgröße des Notensystems verhalten. Beispiel 1.6 zeigt die korrekte Notation des F-Schlüssels im Fünfliniensystem. Gestochene Schlüsselformen sind in den Beispielen 1.6, 1.7 und 1.9 zum Vergleich hinzugesetzt.

Beispiel 1.6

gestochener
Schlüssel

Die Verwendung des C-Schlüssels (𝄡) beschränkt sich heute auf die beiden bereits erwähnten Arten, die allgemein Alt- und Tenorschlüssel genannt werden. Die Zentrierung ei-nes »optischen Brennpunktes«, wie in Beispiel 1.7 dargestellt, ist wesentlich für die Tonhöhenfestlegung des c′.

Beispiel 1.7

gestochene
Schlüssel

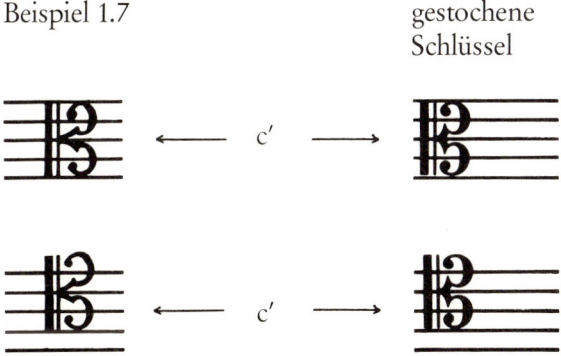

Da die heute allgemein verwendete grafische Form des C-Schlüssels in handschriftlicher Notation schwierig zu zeichnen ist, haben Komponisten und Arrangeure eine Zahl alternativer Zeichen für diesen Schlüssel erfunden. Die am häufigsten anzutreffenden Alternativzeichen des C-Schlüssels sind in Beispiel 1.8 dargestellt; sie werden jedoch nicht überall verstanden und sollten deshalb besser nicht benutzt werden.

Beispiel 1.8

Der von allen Schlüsseln am häufigsten benutzte, der G-Schlüssel ( ), legt die Tonhöhe des g′ auf der 2. Linie des Fünfliniensystems fest. Die Zeichnung dieses Schlüssels umkreist die g′-Linie in einem Abstand zwischen der untersten und der mittleren Linie des Systems und beschreibt dann eine Schleife, die bis zu einem Terzschritt oberhalb des Systems reicht, ehe sie sich selbst auf der 4. Notenlinie schneidet. Vom Schnittpunkt auf der 4. Linie aus führt sie abwärts, durchschneidet dabei den Mittelpunkt der Kreisform und endet etwa einen Terzschritt unterhalb des Systems in einer leichten Linkswendung (Beispiel 1.9).

Die Beziehung der Schlüssel für bestimmte Tonhöhen untereinander wird auf einen Blick deutlich, wenn man sie jeweils einem Klaviersystem zuordnet, wie in Beispiel 1.10.

Beispiel 1.9   gestochener Schlüssel

Beispiel 1.10

G-Schlüssel

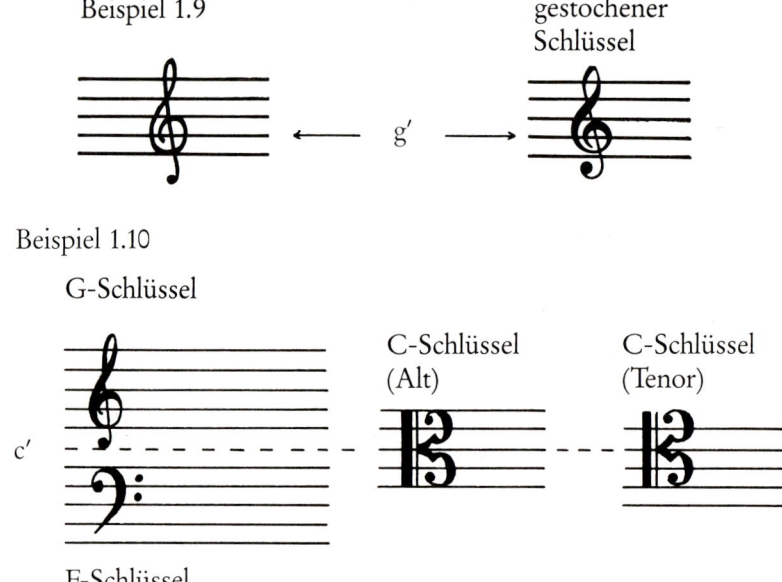

F-Schlüssel

Der Schlagzeugschlüssel (**ıı**) kann vielfältig eingesetzt werden, weil er keine bestimmte Tonhöhe festlegt. Drei der am häufigsten vorkommenden Verwendungsarten sind in Beispiel 1.11 dargestellt.

Beispiel 1.11

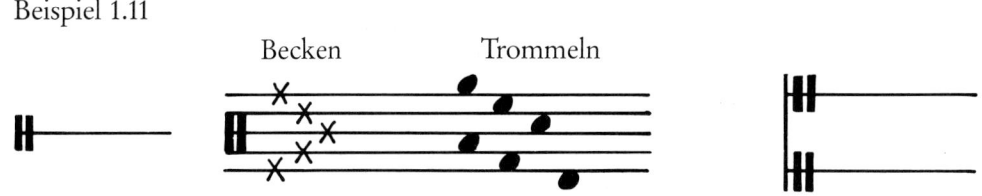

In der traditionellen Notation muß der Schlüssel die ganze Komposition hindurch jeweils zu Beginn eines jeden Notensystems gesetzt werden. Bei einzelnen Fünfliniensystemen (Beispiel 1.12) geht ihm dabei kein linker Systemstrich voran, das System bleibt also vor dem Schlüssel offen.

Beispiel 1.12

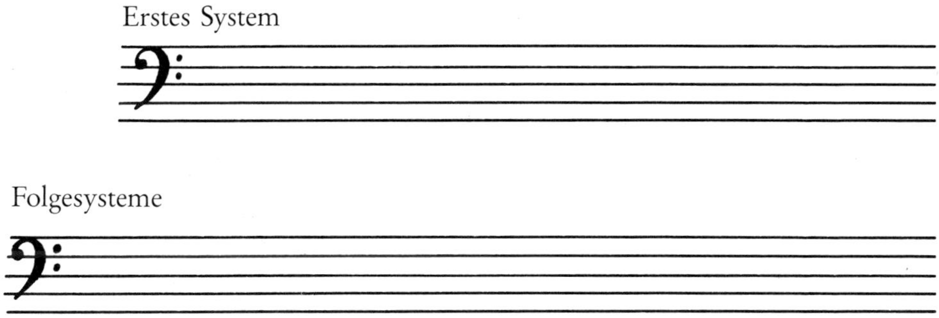

Erstes System

Folgesysteme

Wenn der Schlüssel innerhalb eines Stückes wechselt, so kann der neue Schlüssel, der Wechselschlüssel, an jeder beliebigen Stelle innerhalb eines Taktes, an der der Wechsel gerade stattfindet, gesetzt werden. Bezieht sich der Schlüsselwechsel auf den Beginn eines Taktes mitten im Notensystem, so muß der Wechselschlüssel unmittelbar vor dem Taktstrich des betroffenen Taktes gesetzt werden. Steht der Takt mit verändertem Schlüssel zu Beginn eines Notensystems, so muß der Wechsel-schlüssel vor dem letzten Taktstrich des vorangehenden Systems gesetzt werden. Wechselschlüssel innerhalb eines Systems sollten etwa 2/3 der Größe des ursprünglichen Schlüssels messen – mit Ausnahme des Perkussionsschlüssels, dessen Größe stets unverändert bleibt. Bei Beginn des folgenden Systems erscheint dann auch der Wechselschlüssel in seiner normalen Größe. Korrekte Notation von Wechselschlüsseln ist in Beispiel 1.13 dargestellt.

Beispiel 1.13

Hilfslinien werden oberhalb und unterhalb des Systems bei zeitweiliger Über- oder Unterschreitung des Fünfliniensystems verwendet. Die Zwischenräume der Hilfslinien zum Fünfliniensystem und untereinander müssen der Rastralgröße entsprechen. Jede Hilfslinie muß so lang sein, daß sie zu beiden Seiten des Notenkopfes um die Hälfte vom Durchmesser des Notenkopfes übersteht. Beispiel 1.14 zeigt die Plazierung und Verwendung normaler Hilfslinien.

Wenn zur Darstellung eines Sekundintervalls für beide Noten eine oder mehrere Hilfslinien erforderlich sind (Beispiel 1.15), so müssen alle Hilfslinien zwischen dem Fünfliniensystem und der Sekunde eine doppelte Länge haben.

Beispiel 1.14

Beispiel 1.15

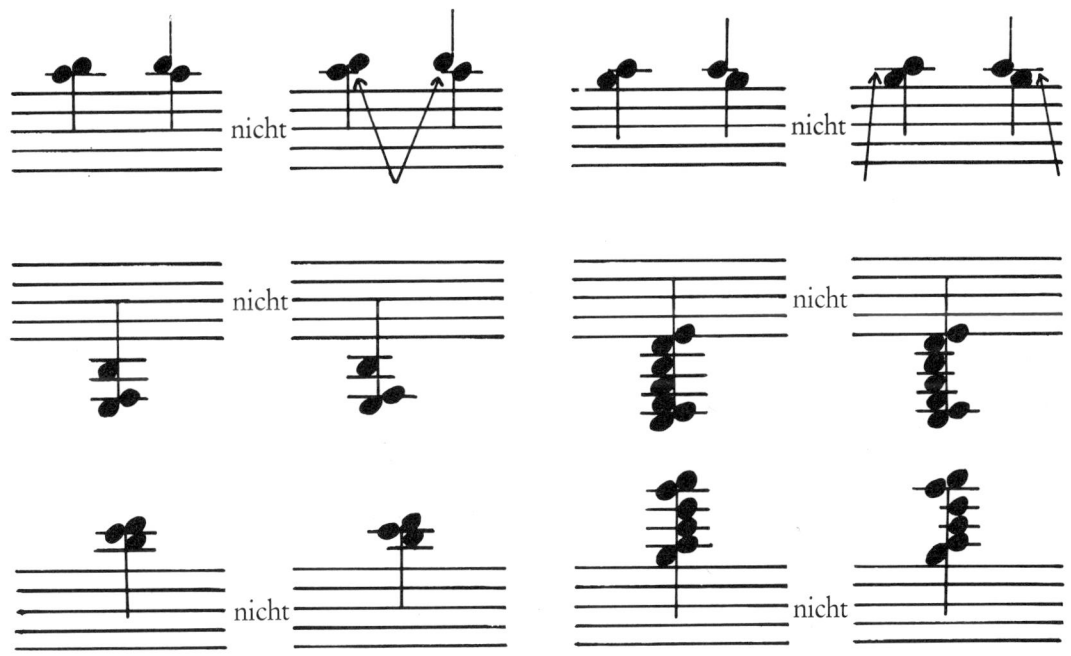

2. Symbole für Klänge und Pausen

Die moderne mensurale Notationspraxis verfügt über einen Vorrat von ausgeklügelten Notationssymbolen, von denen jedes einen bestimmten Stellenwert in einer Folge von arithmetisch fixierten Beziehungen von Zeitwerten einnimmt. Die Symbole sind paarweise angelegt und bedienen sich der gleichen den jeweiligen Zeitwert bezeichnenden Namen. Jedes Paar besteht aus einem Symbol für Klang und dessen mensuraler Dauer, genannt »Note«, und einem Symbol für Ruhe und deren mensurale Dauer, »Pause« genannt. Jedes Noten- oder Pausensymbol erhält seinen Namen aus seiner arithmetischen Beziehung zum Basiswert der Ganzennote, und es ist wertgleich mit zwei Symbolen des nächst kleineren Wertes innerhalb der arithmetischen Skala. Die Stellenwerte der modernen Mensuration, die Namen und Symbolpaare sind in Beispiel 2.1 zusammengestellt.

Beispiel 2.1	Stellenwert	Zeitwert	Namen
	1	Doppelter Wert von 1 keine Taktwert-Kennziffer (= TKZ)	doppelte Ganzenote doppelte Ganzepause
	2	Basiswert TKZ »1«	Ganzenote Ganzepause
	3	Halber Wert von 2 TKZ »2«	Halbenote Halbepause
	4	Halber Wert von 3 TKZ »4«	4tel-Note 4tel-Pause
	5	Halber Wert von 4 TKZ »8«	8tel-Note 8tel-Pause
	6	Halber Wert von 5 TKZ »16«	16tel-Note 16tel-Pause
	7	Halber Wert von 6 TKZ »32«	32stel-Note 32stel-Pause
	8	Halber Wert von 7 TKZ »64«	64stel-Note 64stel-Pause
	9	Halber Wert von 8 TKZ »128«	128stel-Note 128stel-Pause

In der modernen Notationspraxis sind alle einen bestimmten Zeitwert bezeichnenden Notenköpfe elliptisch geformt. Die unterschiedlich starke Umrißzeichnung von unbehalsten und behalsten weißen Notenköpfen (○ ♩) wird zwar beim professionellen Notenstich nach wie vor angewandt, doch messen ihm moderne Notengrafiker lediglich eine kosmetische Bedeutung bei. Während die Halsrichtung in der modernen Notationspra-

xis standardisiert wurde, werden bei der Halslänge von anerkannten Stechern und Verlegern immer noch drei verschiedene Abmessungen verwendet. Sie sind, zusammen mit den jeweiligen Beschreibungen, in Beispiel 2.1A wiedergegeben. In der vorliegenden Schrift werden in den Notenbeispielen nur Notenhälse in der Länge einer Sept verwendet. (Vgl. auch das Vorwort zur deutschen Ausgabe.)

Beispiel 2.1A

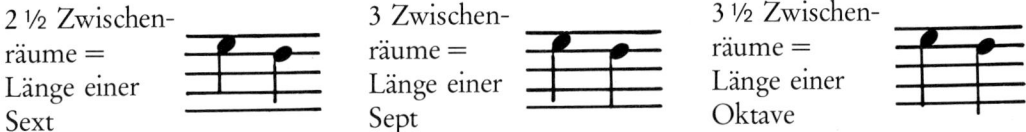

2 ½ Zwischenräume = Länge einer Sext

3 Zwischenräume = Länge einer Sept

3 ½ Zwischenräume = Länge einer Oktave

Grafische Elemente, die sich mit den Notenköpfen zu Notensymbolen verbinden, sind, strukturell gesehen, Zusätze. Ausnahme bildet dabei nur das Symbol der doppelten Ganzennote, von dem man, will man aus ihm

auf diese Weise das Symbol der in der Wertskala folgenden Ganzennote gewinnen, die beiden Vertikalstriche entfernen muß (Beispiel 2.2).

Beispiel 2.2   doppelte Ganzenote   zu   Ganzenote

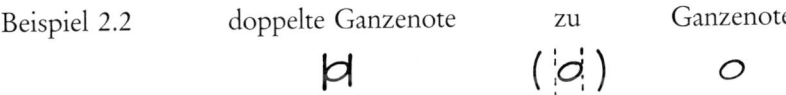

Die Darstellung der Halbennote eröffnet die Reihe mit Anwendungen grafischer Zusätze, indem ein vertikaler »Hals« an einer der beiden Seiten des elliptisch geformten Notenkopfes der Ganzennote angebracht wird. Abwärts gerichtete Hälse werden stets an der linken, aufwärts gerichtete stets an der rechten

Seite angesetzt. Beispiel 2.3 zeigt die hinzugefügten Hälse zur Darstellung der Halbennote, und Beispiel 2.4 macht deutlich, daß für die Darstellung der 4tel-Note der elliptische hohle Kopf der Halbennote zusätzlich geschwärzt wird.

Beispiel 2.3   Beispiel 2.4

Das »Fähnchen«, grafischer Zusatz zur Bildung der 8tel-Note, bereitet bei exakter Zeichnung einige Schwierigkeiten. Es wird am Halsende angesetzt und entfernt sich in einer schrägen Kurve vom Hals weg bis zu einer Distanz von etwa einem Notenkopf-Durchmesser. Von da ab bewegt es sich nach innen und endet etwa bei Dreivierteln der Halslänge in einem Abstand von ungefähr einem halben Notenkopf-Durchmesser. Das Fähnchen befindet sich stets rechts am Notenhals und bildet bei abwärts gerichteten Hälsen eine »geschlossene«, bei aufwärts gerichteten Hälsen eine »offene« Form. Die 8tel-Note mit offenem und geschlossenem Fähnchen ist in Beispiel 2.5 wiedergegeben. Die Bildung der 16tel-Note unterscheidet sich im Prinzip nicht von der der 8tel-Note, abgesehen natürlich von der korrekten Plazierung des zweiten Fähnchens. Es wird zwischen dem ersten Fähnchen und dem Notenkopf im Abstand von etwa einem halben Systemzwischenraum angebracht. Das zweite Fähnchen beschreibt in Parallelführung dieselbe Krümmung wie das erste Fähnchen und darf dessen Ende nicht überschreiten. In Beispiel 2.6 ist die korrekte Plazierung des 16tel-Fähnchens in offener und geschlossener Form wiedergegeben.

Beispiel 2.5

Fähnchen
offene Form

Fähnchen
geschlossene Form

Beispiel 2.6

Die weiteren Zusatzfähnchen, mit denen die 32stel-, 64stel- und 128stel-Noten dargestellt werden, unterscheiden sich von der Plazierung des 16tel-Fähnchens im wesentlichen nur dadurch, daß ihre Anbringung den Hals verlängert, denn sie werden außerhalb des 8tel-Fähnchens angesetzt. In Beispiel 2.7 sehen wir deren korrekte Plazierung.

Notenköpfe und Fähnchen bleiben bei der Bildung der Notenzeichen in ihrer Größe stets gleich, verkleinern sich also nicht proportional zur Verkleinerung der Zeitwerte, die sie darstellen. Als einziges Zusatzzeichen ist der Hals in seiner Länge variabel, da er der größeren Zahl von Fähnchen, die an ihm angebracht werden, hinreichend Platz bieten muß.

Beispiel 2.7

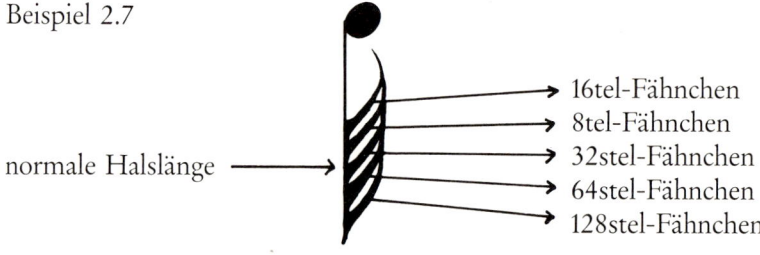

normale Halslänge →

→ 16tel-Fähnchen
→ 8tel-Fähnchen
→ 32stel-Fähnchen
→ 64stel-Fähnchen
→ 128stel-Fähnchen

Alle Noten mit Fähnchen können optisch zu Gruppen angeordnet werden, indem man die Hälse durch »Balken« miteinander verbindet, die ihrerseits genauso plaziert werden wie die Fähnchen selbst (Beispiel 2.8). Besonderheiten mensuraler Gruppierung und Verbalkung werden in Kapitel 3 bzw. 4 diskutiert.

Beispiel 2.8

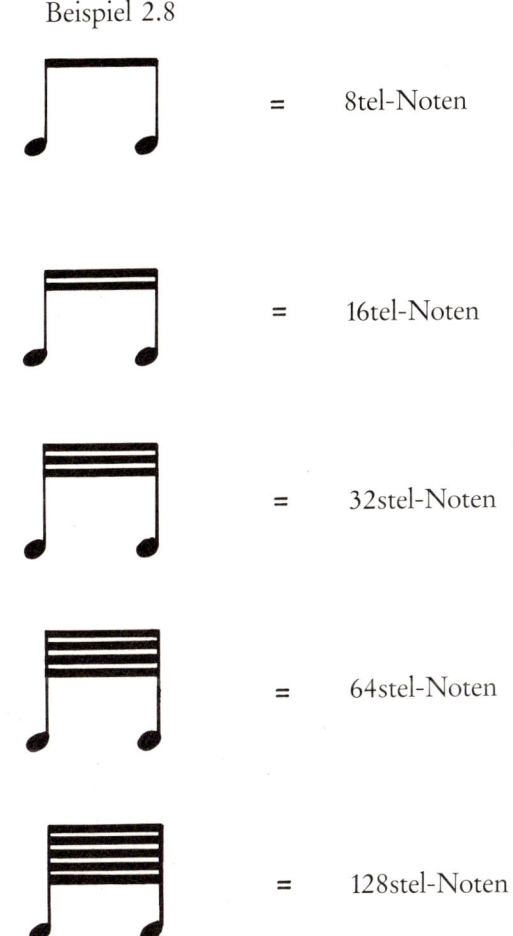

= 8tel-Noten

= 16tel-Noten

= 32stel-Noten

= 64stel-Noten

= 128stel-Noten

Die Pausen-Symbole können nicht aus einem strukturell zusammenhängenden Schema von Zusatzzeichen entwickelt werden. Pausen-Symbole, die der doppelten Ganznote, der Ganzennote und der Halbennote entsprechen, können »Balkenpausen« genannt werden und sind in Beispiel 2.9 dargestellt. Wie man sieht, werden derartige Pausen normalerweise im dritten Zwischenraum des Fünfliniensystems angebracht. Sie sind alle von gleicher Länge und reichen, was die Ganze- und Halbepause betrifft, abwärts bzw. aufwärts bis zur Mitte des Zwischenraums.

Beispiel 2.9   doppelte Ganzepause   Ganzepause   Halbepause

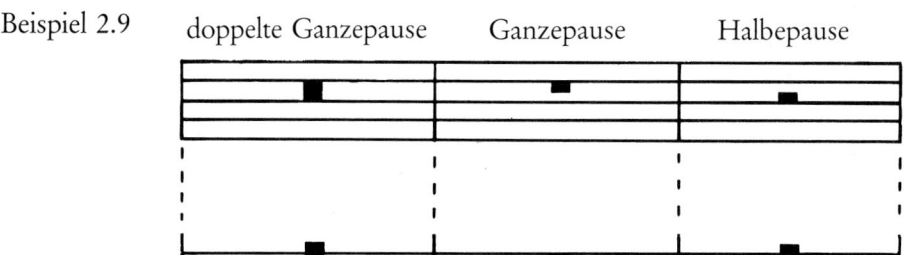

Da die 4tel-Pause strukturell in keinerlei Beziehung zu irgendeinem anderen Pausen-Symbol steht und zudem das wohl am schwierigsten zu zeichnende Symbol ist, bietet sie nicht selten Grund von Irrtümern. Deshalb geben wir in Beispiel 2.10 als Muster eine gestochene und eine allgemein anerkannte handschriftliche Form sowie eine Reihe allgemein anzutreffender Varianten, die man jedoch nicht verwenden soll.

Beispiel 2.10

gestochene 4tel-Pause   geschriebene 4tel-Pause   verbreitete Alternativschreibungen
(möglichst vermeiden!)

Pausen mit Fähnchen, die den Noten mit Fähnchen entsprechen, werden durch jeweils identische Zusätze gebildet. Die Grundform besteht aus einem schräggestellten Hals mit einem nach links gewendeten Haken am oberen Halsende. Der Haken endet in einem Punkt auf der Mitte des Zwischenraums. Die Plazierung zusätzlicher Pausenfähnchen unterliegt einer Abfolge, die sich von der bei den zusätzlichen Notenfähnchen, wie oben beschrieben, unterscheidet. Im Fünfliniensystem steht die erste Fähnchenpause (8tel-Pause) in der Mitte zwischen zweiter und vierter Notenlinie. Die nachfolgenden Zusatzfähnchen folgen einem Muster alternativer Plazierung, mit Ausnahme des 128stel-Fähnchens, das sich traditionsgemäß zwischen der untersten Notenlinie und einer gedachten Hilfslinie unterhalb des Systems befindet. Beim Einliniensystem werden alle Fähnchen-Pausen unterhalb und/oder oberhalb der Linie mit stets gleichem Zwischenraumabstand gestellt. Beispiel 2.11 zeigt die Stellung von Fähnchen-Pausen im Fünflinien- und im Einliniensystem.

Beispiel 2.11

Einliniensystem

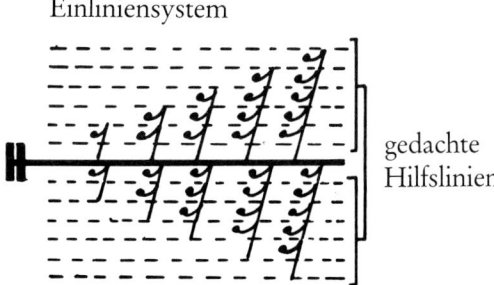

Fünfliniensystem

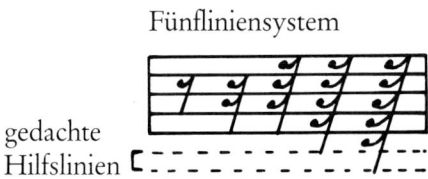

gedachte
Hilfslinien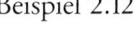

gedachte
Hilfslinien

Eine Umstellung aller Pausenzeichen wird notwendig, wenn sie in einem geteilten System auftreten (Beispiel 2.12). An die Stelle einer Verdoppelung der Pausen kann jedoch die gewöhnliche Plazierung treten, wenn beide Stimmen, die sich in das System teilen, gleich rhythmisiert sind. In Beispiel 2.13 ist die normale Pausenplazierung bei homorhythmischen Stimmen auf geteiltem System wiedergegeben.

Beispiel 2.12

Sopran oder Tenor

gedachte
Hilfslinien

Alt oder Baß

Beispiel 2.13

anstelle von:

Die Ganzepause wird zur Darstellung von Ganztaktpausen bei allen Taktvorzeichnungen verwendet, mit Ausnahme des 4/2-Taktes, der eine doppelte Ganzepause verlangt. Die Ganzepause steht stets unmittelbar rechts neben dem arithmetischen Zentrum des Taktes, wie in Beispiel 2.14 dargestellt.

Beispiel 2.14

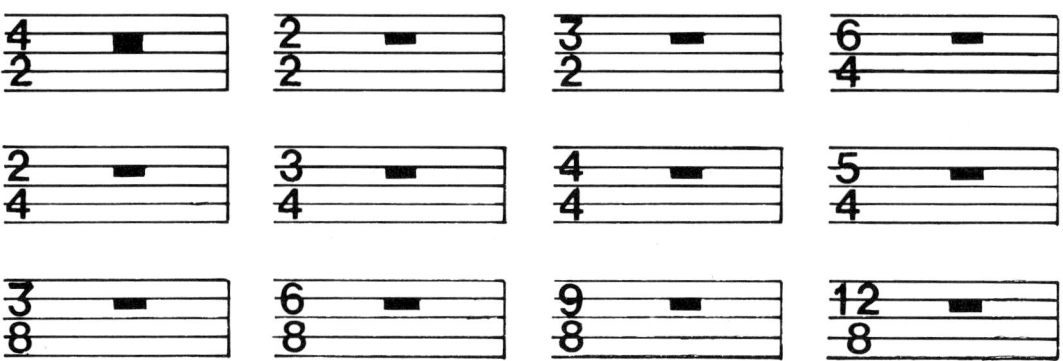

Im geteilten System hängt die Ganzepause der Oberstimme an der oberen, die der Unterstimme an der unteren Linie des Fünfliniensystems. Ganzepausen beider Stimmen sollten an Hilfslinien außerhalb des Systems angebracht werden, wenn normale Plazierung zu Kollisionen mit dem übrigen Notentext führt (Beispiel 2.15).

Beispiel 2.15

Zwei oder mehrere Pausentakte können durch einen horizontalen Balken unterhalb der Mittellinie des Fünfliniensystems in einer Stärke von maximal einem halben Zwischenraum angezeigt werden (Beispiel 2.16). Die Länge des Balkens beträgt dabei von der Mitte aus zu beiden Seiten insgesamt Dreiviertel der Taktlänge. Die Balkenenden werden durch kurze Taktstriche zwischen zweiter und vierter Linie des Systems begrenzt, und die Anzahl der Pausentakte wird durch eine entsprechende Zahl etwa im Terzabstand oberhalb des Systems auf der Mitte zwischen den kurzen Taktstrichen des Pausenbalkens angegeben. (Vgl. hierzu auch das Vorwort zur deutschen Ausgabe.)

Beispiel 2.16

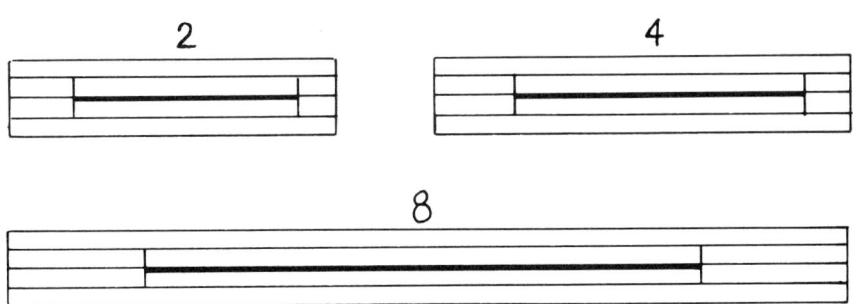

Alle Pausenzeichen mit Ausnahme der Ganzenpause werden innerhalb der Takte rhythmisch genauso plaziert wie die Noten. Für die Verwendung von Pausen gibt es einige Grundprinzipien, von denen die meisten mit der Verdeutlichung der Zählzeiten innerhalb des Taktes zu tun haben. In Beispiel 2.17 wird gezeigt, daß in Zweiertakten wie 2/4 und 4/4 die Pausenwerte nicht über die Taktmitte hinwegreichen dürfen. Außerdem dürfen punktierte 4tel-Pausen im 2/4- und 4/4-Takt sowie punktierte 8tel-Pausen im 2/8- und 4/8-Takt niemals auf der ersten Zählzeit stehen oder über die Taktmitte hinwegreichen (vgl. Beispiel 2.18).

Beispiel 2.17

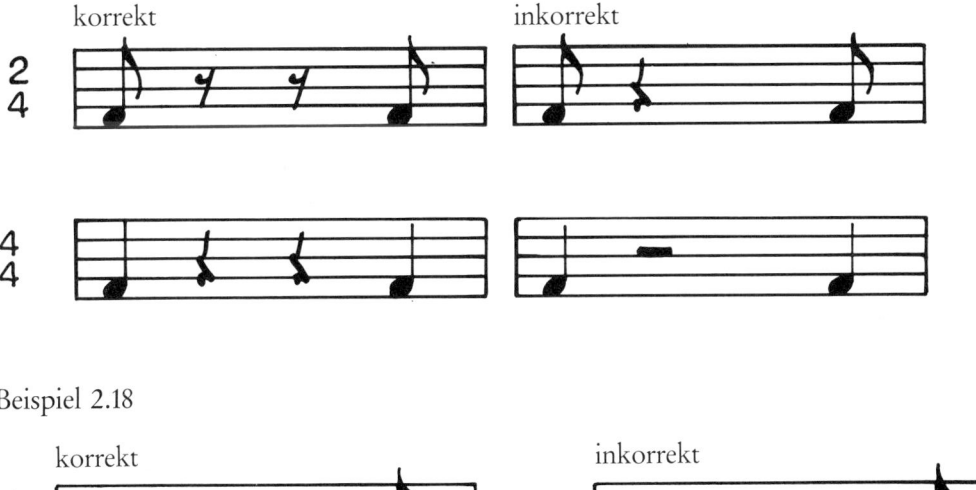

Beispiel 2.18

Fortsetzung nächste Seite

Beispiel 2.18 *(Fortsetzung)*

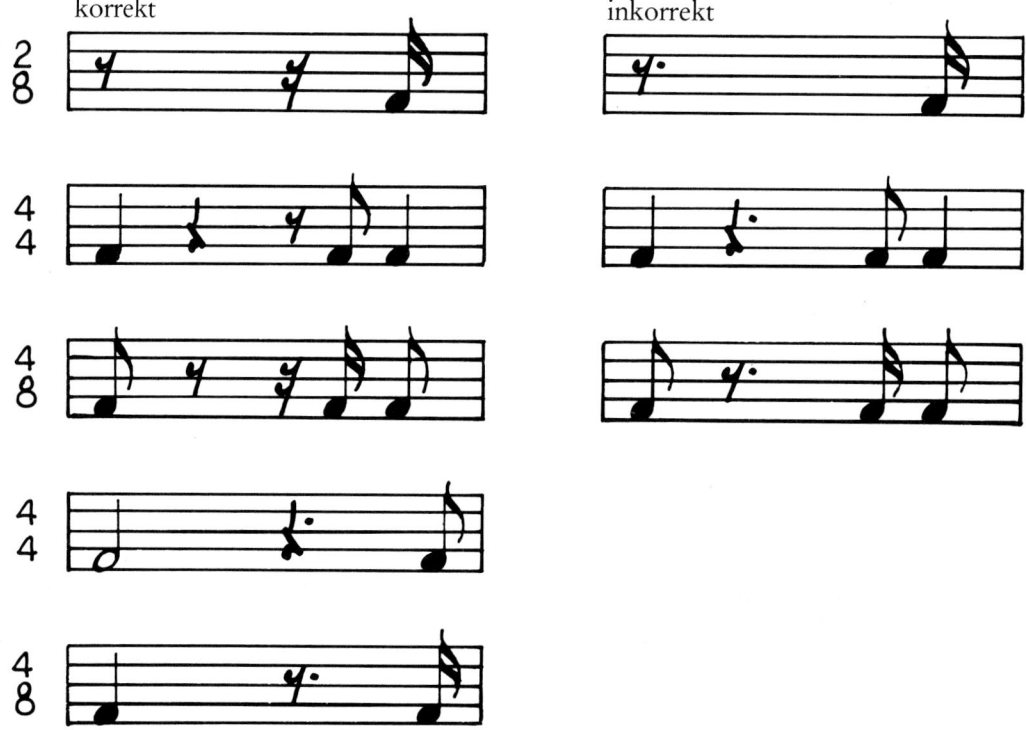

In Dreiertakten wie 3/4 und 3/8 (Beispiel 2.19) muß jede Zählzeit ihre eigene Pause bekommen; Pausen im Wert von zwei Zählzeiten sind nicht erlaubt. Eine punktierte 4tel-Pause kann wohl auf der zweiten Zählzeit eines 3/4-Taktes stehen, niemals aber auf der ersten (Beispiel 2.20).

Beispiel 2.19

Beispiel 2.20   korrekt   inkorrekt

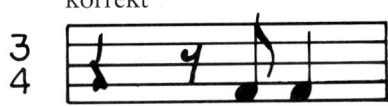 

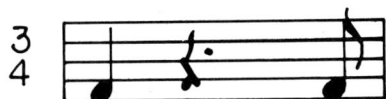

Beispiel 2.21 macht deutlich, daß im 2/8-, 3/4- und 4/4-Takt punktierte 4tel-Pausen nicht einer auf einer Zählzeit stehenden 8tel-Note folgen dürfen.

Beispiel 2.21   korrekt   inkorrekt

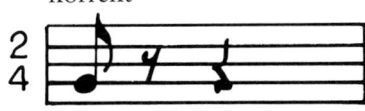 

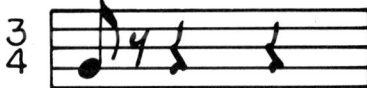 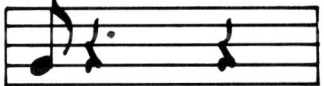

Fortsetzung nächste Seite

Beispiel 2.21 *(Fortsetzung)*

Punktierte 4tel-Pausen können in Taktarten wie 6/8, 9/8 und 12/8 zur Verdeutlichung der Taktaufteilung eingesetzt werden. Nicht punktierte 4tel-Pausen dürfen bei solchen Taktteilungen die jeweilige Takthälfte bzw. das Taktdrittel oder Taktviertel nicht überschreiten (Beispiel 2.22).

Beispiel 2.22

Fortsetzung nächste Seite

Beispiel 2.22 *(Fortsetzung)*

Normale und punktierte Halbepausen dürfen im 6/8- und 9/8-Takt nicht verwendet werden (Beispiel 2.23). Während die nicht punktierte Halbepause im 12/8-Takt ebenfalls nicht benutzt werden darf, kann die punktierte Halbepause zur Darstellung einer Halbtaktpause eingesetzt werden (Beispiel 2.24). Wie in früheren Beispielen muß auch hier die Taktmitte klar erkennbar bleiben.

Beispiel 2.23   korrekt   inkorrekt

Beispiel 2.24   korrekt   inkorrekt

In zusammengesetzten Taktarten, wie 5/8 und 5/4 (Beispiel 2.25), ist ähnlich wie in früheren Beispielen zu verfahren, mit dem Zusatz allerdings, daß die Pausensetzung die rhythmische Teilung innerhalb des Taktes zu beachten hat.

Beispiel 2.25

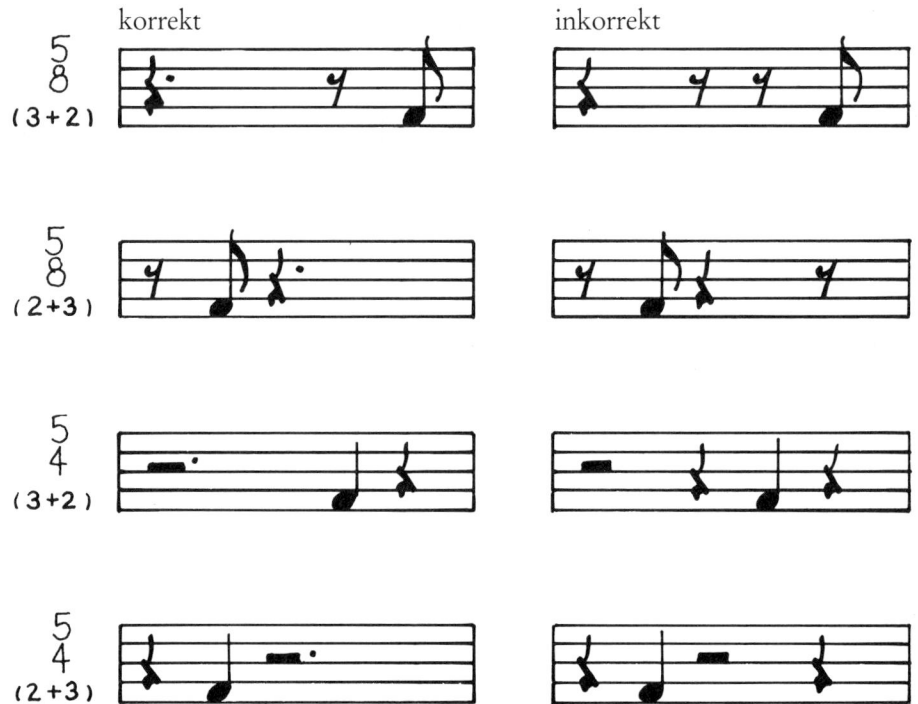

Die Festlegung der Halsrichtung wird in der traditionellen Notationspraxis von der Stellung eines Notenkopfes in Beziehung zur Mittellinie des Fünfliniensystems getroffen. Befindet sich der Notenkopf unterhalb der Mittellinie, so wird der Hals an der rechten Notenkopfseite vertikal nach oben weisend angebracht, während oberhalb der Mittellinie stehende Notenköpfe einen an der linken Seite nach unten weisenden Hals erhalten (Beispiel 2.26).

Beispiel 2.26

Notenköpfe auf der Mittellinie können entweder nach unten oder nach oben behalst werden, wobei die Wahl von dem jeweiligen notationsmäßigen Kontext bestimmt wird, in dem der Notenkopf verwendet wird. In den meisten Fällen ist jedoch ein abwärts geführter Hals zu bevorzugen.

Hälse von Notenköpfen auf Hilfslinien oberhalb oder unterhalb des Fünfliniensystems müssen jeweils bis zur Mittellinie reichen, wie in Beispiel 2.27 dargestellt.

Hälse an einzelstehenden Intervallen und Akkorden haben normale Länge, gemessen ab

dem Notenkopf nächst dem Halsende. Die Halsrichtung wird dabei von der Position desjenigen Notenkopfes bestimmt, dessen Position am weitesten von der Mittellinie entfernt ist. In Beispiel 2.28 sind die Notenköpfe, die die Halsrichtung bestimmen, mit einem Sternchen gekennzeichnet. Beispiel 2.29 bringt Intervalle und Akkorde mit Notenköpfen, die von der Mittellinie jeweils gleichweit entfernt sind und bei denen abwärts gerichtete Hälse zu bevorzugen sind.

Beispiel 2.27

Beispiel 2.28

gedachte Hilfslinien

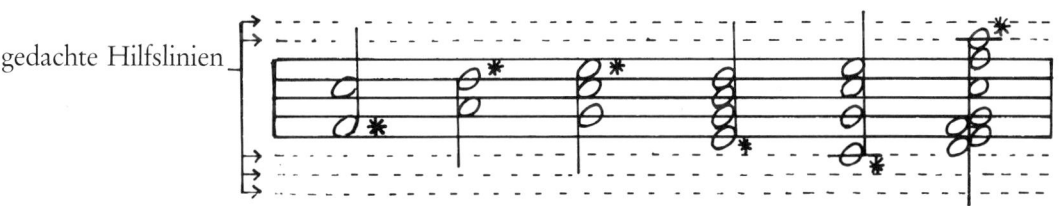

Beispiel 2.29

35

Die vertikale Ausrichtung von Intervallen und Akkorden mit zwei und mehr Notenköpfen kann auf einfachem Fünfliniensystem und auf mehrsystemigen Akkoladen entweder symmetrisch oder asymmetrisch sein. Notenköpfe mit vertikaler Anordnung von Linie zu Linie oder von Zwischenraum zu Zwischenraum oder weiträumiger stehen symmetrisch untereinander, während Notenköpfe mit Sekundabstand, also auf einer Linie und in einem unmittelbar anschließenden Zwischenraum stehend und umgekehrt, asymmetrisch angeordnet werden. Notenköpfe, die Sekun-

den bilden, sind so zu stellen, daß sich der niedrigere Notenwert links, der höhere rechts vom Hals (oder von einem gedachten Hals) befindet, mit Ausnahme allerdings bei geteiltem System. Hier muß bei Sekunden die tiefere Note rechts, die höhere links vom Hals (oder vom gedachten Hals) stehen. In Beispiel 2.30A sind symmetrische Anordnungen von Notenköpfen auf einfachen und geteilten Systemen zusammengestellt, und Beispiel 2.30B zeigt entsprechende Anordnungen bei Sekundbildungen.

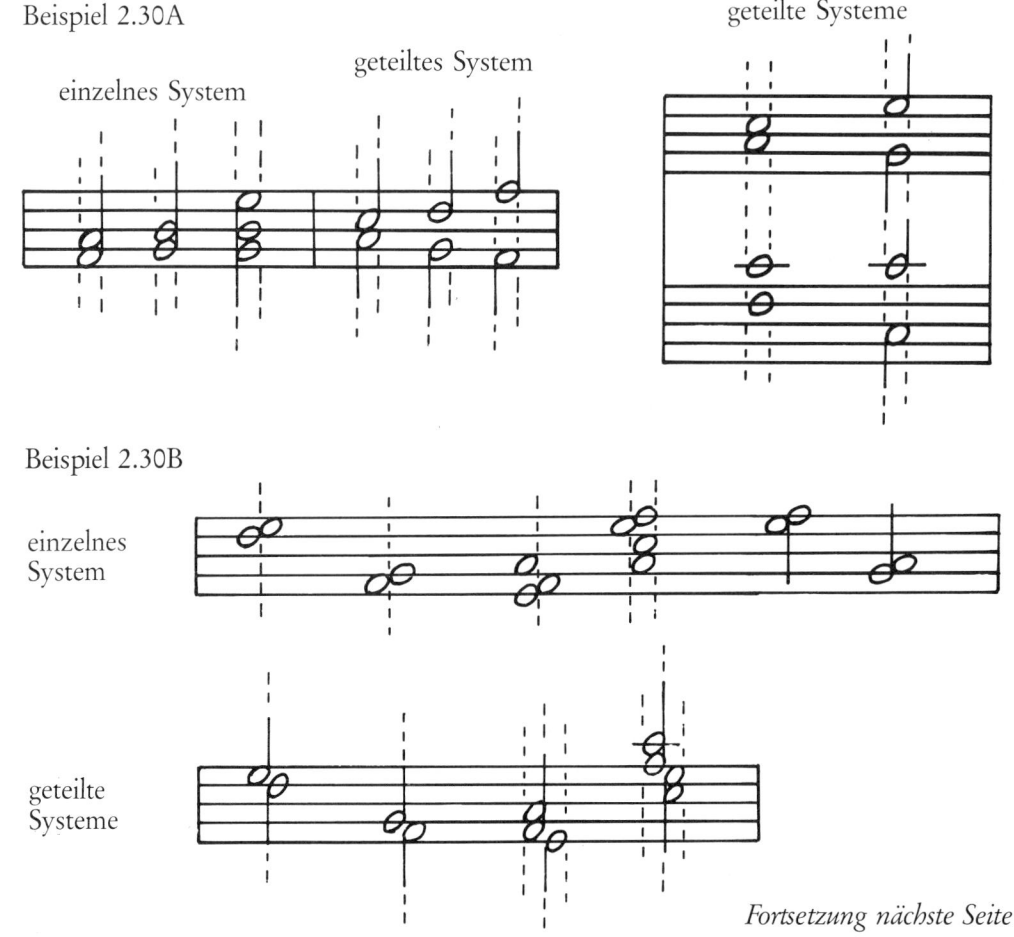

Beispiel 2.30A

geteilte Systeme

einzelnes System

geteiltes System

Beispiel 2.30B

einzelnes System

geteilte Systeme

Fortsetzung nächste Seite

Beispiel 2.30B *(Fortsetzung)*

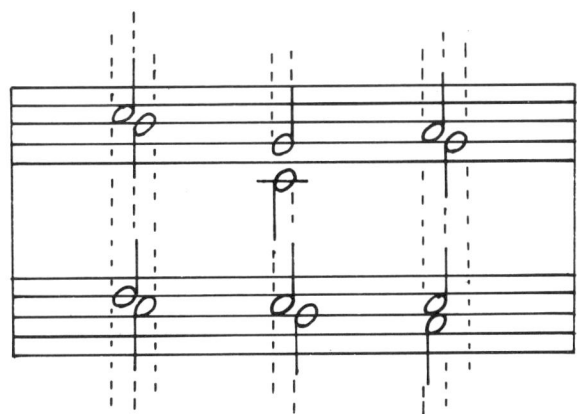

Gelegentliche Stimmkreuzungen bei Notation auf einem System verlangen besondere Anordnungen der Noten. Bei gleichen Notenwerten in beiden Stimmen muß der Notenkopf der tieferen Stimme ein klein wenig links vom Notenkopf der höheren Stimme gesetzt werden, damit sichergestellt ist, daß die Hälse nur mit den ihnen zugehörigen Noten in Berührung kommen, wie in Beispiel 2.31A dargestellt. Bei ungleichen Notenwerten in den Stimmen muß der Notenkopf mit dem größeren Wert ein wenig rechts vom Kopf mit dem kleineren Wert plaziert werden, wie in Beispiel 2.31B zu sehen ist.

Beispiel 2.31A

Beispiel 2.31B

3. Takt- und Zählzeit-Gliederung

In der traditionellen Notation richtet sich die optische Anordnung von Noten- und Pausensymbolen nach den arithmetischen Beziehungen der Zeitwerte untereinander, die sie repräsentieren. Die einzelnen Zeitwerte kommen durch reguläre Teilungen in Halbe, 4tel, 8tel usw. zustande, bezogen immer auf den Basiswert der Ganzennote. Jeder Zeitwert kann aber auch irregulär in 3tel, 5tel, 6tel, 7tel usw. unterteilt werden. Es versteht sich von selbst, daß bei einer Unterteilung eines Zeitwertes in kleinere Werte die sie repräsentierenden Notenwerte sich ebenfalls verkürzen. Beispiel 3.1A zeigt in einer Übersicht die Beziehungen aller Teilwerte auf den Basiswert der Ganzennote.

Beispiel 3.1A

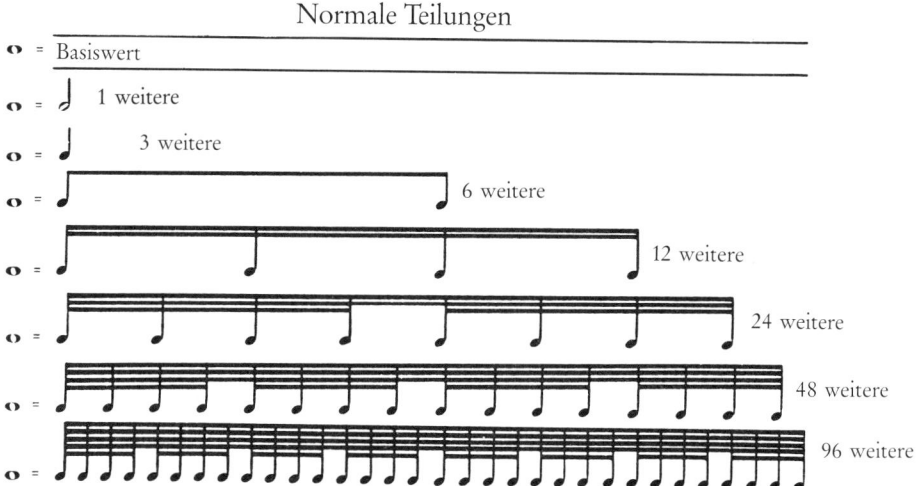

In Beispiel 3.1B sind die irregulären Teilungen in korrekter Notation mit den entsprechenden Gruppierungen, Klammerungen und/oder Balkungen im Systemzusammenhang aller Zeitwerte bis hin zur 32stel dargestellt.

Beispiel 3.1B

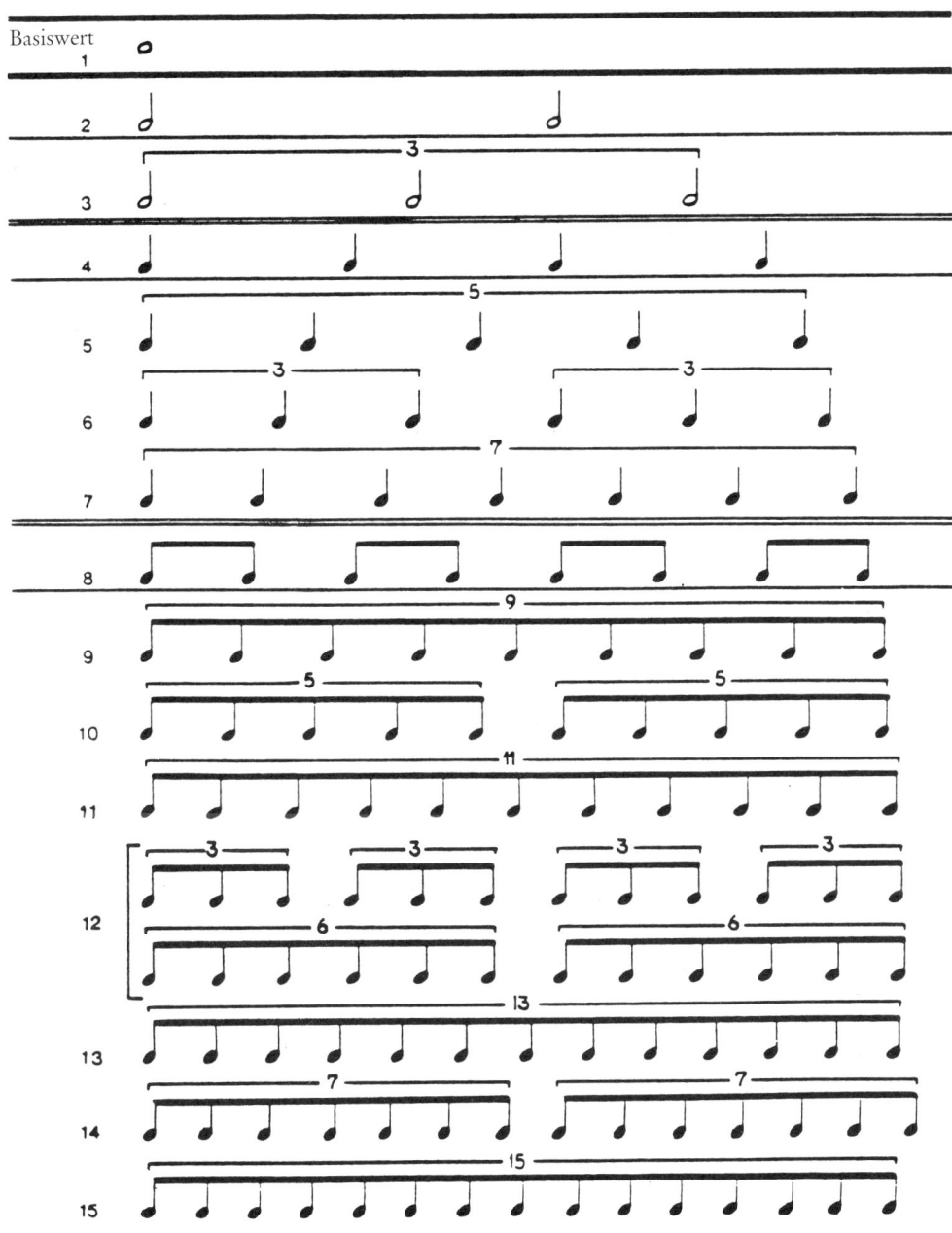

Fortsetzung nächste Seite

Beispiel 3.1B *(Fortsetzung)*

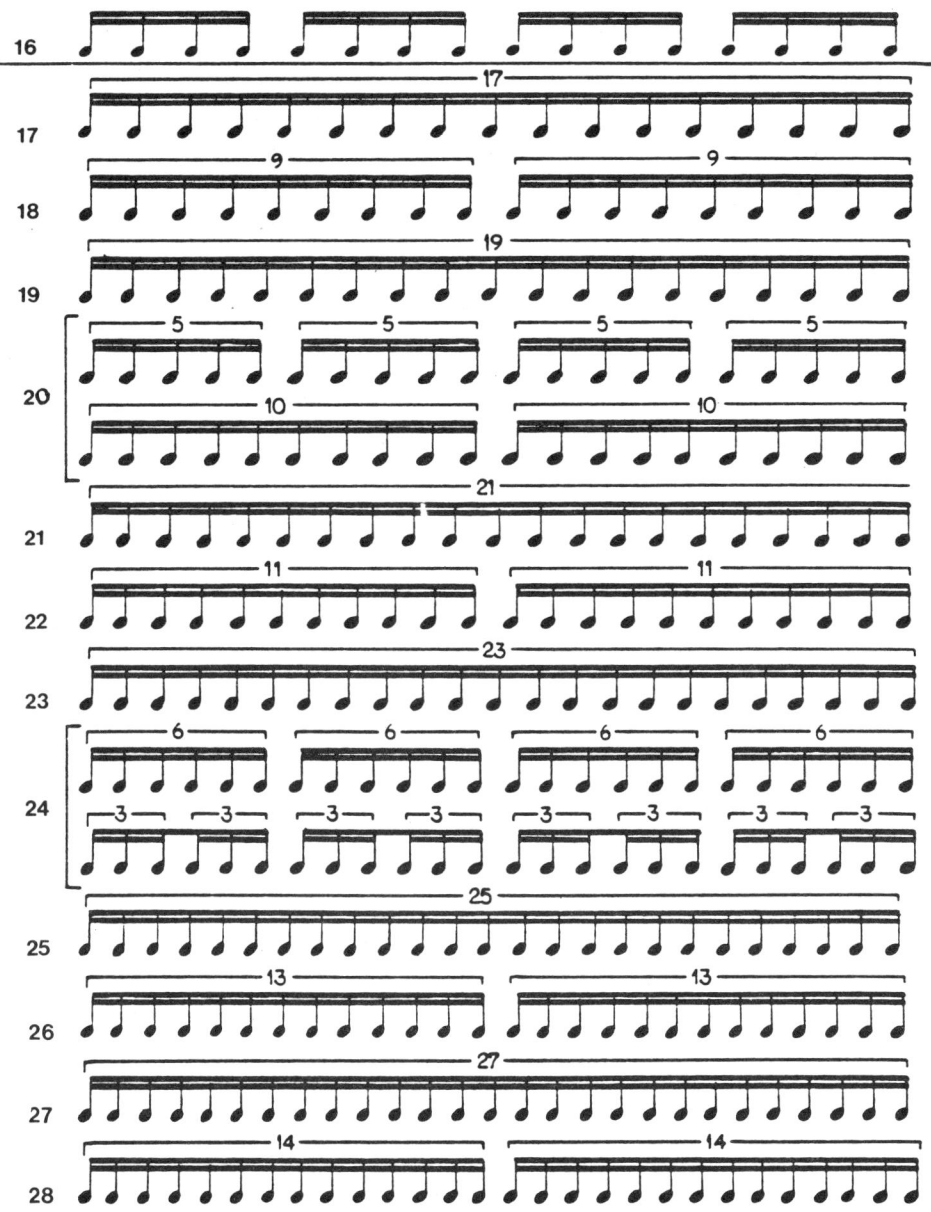

Fortsetzung nächste Seite

Beispiel 3.1B *(Fortsetzung)*

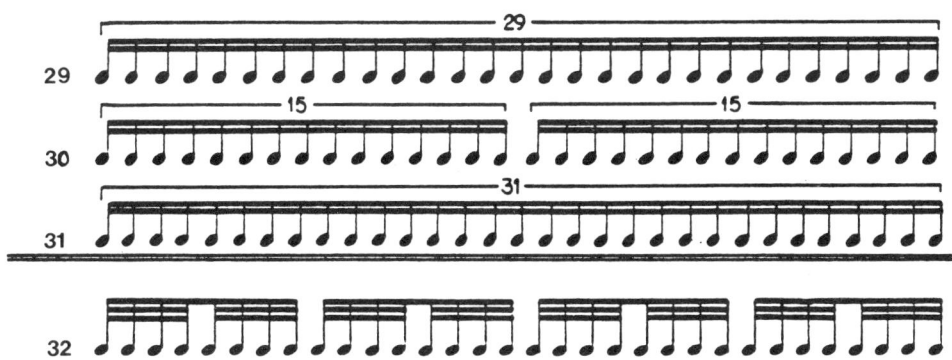

Die irregulären Teilungen in Beispiel 3.1B, also die Triolen, Quintolen, Sextolen usw., sind durch eckige Klammern, Ziffern und Balken gekennzeichnet. Um Verwechslungen mit Artikulationsbögen zu vermeiden, sollten grundsätzlich Klammern benutzt werden und nicht die bindebogenähnlichen Triolen- und Sextolen-Bögchen. Klammern in Kombination mit Zahlen werden immer dann verwendet, wenn Balken gebrochen oder durch einzeln stehende Fähnchen-Noten ersetzt werden. In solchen Fällen muß die eckige Klammer räumlich und optisch die Spanne umschließen, die normalerweise von der gesamten Teilung eingenommen würde, eingeschlossen den gedachten Raum für solche Noten und Pausen, die durch entsprechende zusammengesetzte oder im Wert größere Zei-

chen ersetzt werden. Da Artikulationszeichen und Bögen normalerweise entgegen der Halsrichtung (oder einer gedachten Halsrichtung bei halslosen Noten) zu den Notenköpfen gesetzt werden, sollten Klammern und Ziffern bei nicht verbalkten Noten am Halsende plaziert und bei verbalkten Noten am Balken angebracht werden, um Kollisionen mit den anderen Zeichen zu vermeiden. Ziffern mit oder ohne Klammern sollten ober- oder unterhalb der arithmetischen Mitte der irregulären Teilung bei der hier befindlichen Note oder Pause stehen oder auf der optischen Mitte, falls an dieser Stelle keine Note oder Pause vorhanden ist. Nicht verbalkte Notengruppen sind in jedem Falle mit Klammer und Ziffer zu versehen. Beispiel 3.2 zeigt die korrekte Notation von Ziffern mit oder ohne eckige Klammern.

Beispiel 3.2

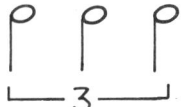 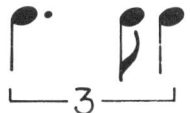 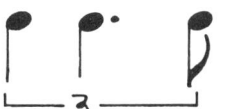 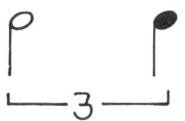

Fortsetzung nächste Seite

Beispiel 3.2 *(Fortsetzung)*

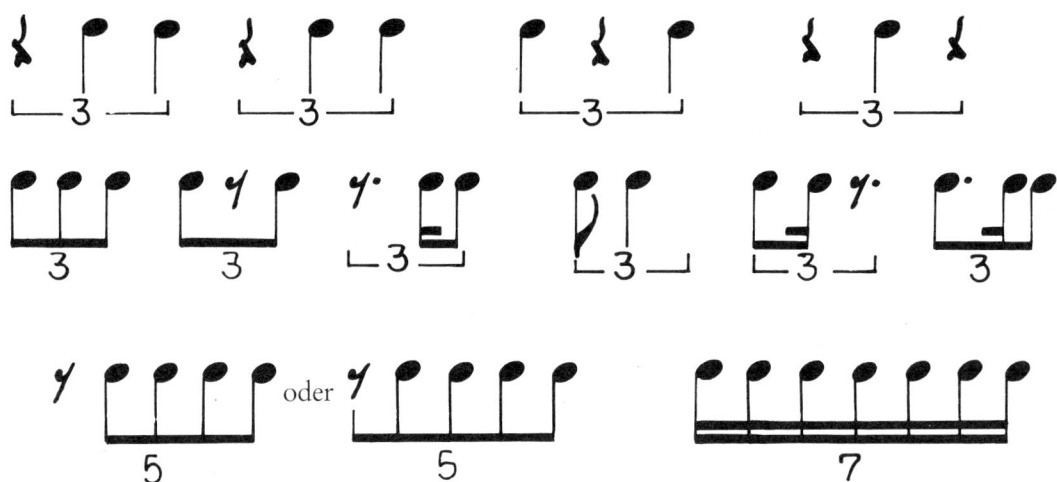

Alle bisher diskutierten und dargestellten Fälle von regulärer Teilung basierten auf unpunktierten, also geradzahligen Notenwerten, bei denen eine Dreiteilung als »irregulär« gilt. Wenn aber punktierte Noten für reguläre Teilungen verwendet werden, so gilt die Dreiteilung als »regulär« und die Zweiteilung als »irregulär«. Darum werden geradzahlige Ziffern mit und ohne Klammern zur Kennzeichnung irregulärer Teilungen von punktierten (dreizeitigen) Werten verwendet (Beispiel 3.3).

Beispiel 3.3

Fortsetzung nächste Seite

Beispiel 3.3
(Fortsetzung)

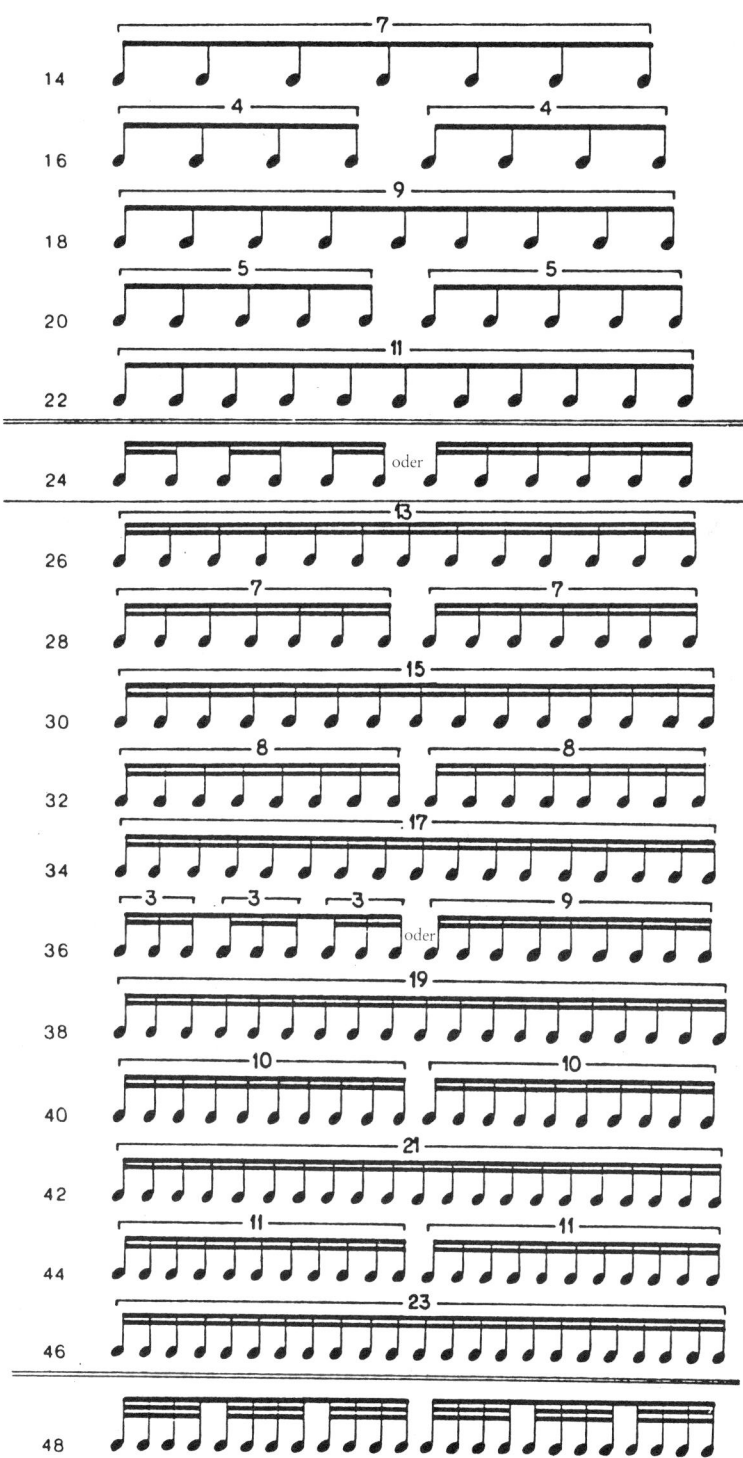

Zwei Notationsarten werden bei der Darstellung binärer Teilungen von dreizeitigen Werten in der modernen Notationspraxis nebeneinander verwendet. Im ersten Fall wird die normalerweise durch Klammerung und Ziffern gekennzeichnete Zweiteilung durch zwei punktierte Noten des nächst kleineren Wertes (ohne Ziffern!) ersetzt, wobei die arithmetische Zuordnung (also der »Untersatz«) streng beibehalten wird; vgl. hierzu Beispiel 3.3A.

Beispiel 3.3A

Empfohlene Praxis
(Beispiel 3.3)

Gleichwertige Praxis

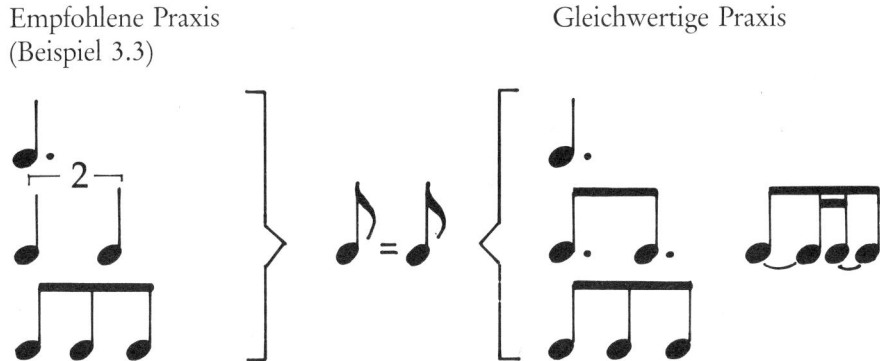

Im zweiten Fall ersetzen zwei unpunktierte Noten des nächst kleineren Wertes mit Ziffer die im Wert größeren Noten. Dieses Verfahren führt einen kleineren Notenwert ein, noch bevor dessen normale arithmetische Stufe innerhalb der Wertskala erreicht ist (z. B. zwei 8tel mit Ziffer 2 als Teilung einer punktierten 4tel vor der regulären Teilung in drei 8tel), und schafft noch zusätzlich Verwirrung dadurch, daß die kleineren Noten bei einer solchen Teilung einen längeren Wert erhalten, als ihnen natürlicherweise zukommt. Diese Art der Teilung (siehe Beispiel 3.3B) ist deshalb nicht zu empfehlen.

Die Praxis, bei einer regulären Teilung die Notenwerte solange beizubehalten, bis ein Wechsel zu den nächst kleineren Werten metrisch erforderlich wird, ist in der heutigen Notation allgemein üblich. Grund für die allgemeine Verwendung dieser Praxis ist die Tatsache, daß sie einem logischen Muster folgt, das einheitlich auf alle Teilungen anwendbar ist. Auch irreguläre Gruppierungen wie Quintolen, Septolen und Oktolen sollten sich dieser Praxis bedienen.

Nun haben einige einflußreiche zeitgenössische Komponisten für diese irregulären Gruppierungen die Verwendung kürzerer Notenwerte aus der nächst kleineren Teilung, insbesondere aus den 16tel- und 32stel-Werten, eingeführt. Wenngleich eine solche Kompromißlösung insofern vertretbar erscheint, als die irregulären Gruppierungen zu den nächst kleineren Werten in engerer nachbarschaftlicher Beziehung stehen, als aus der traditionellen Notationsart optisch ersichtlich ist, so führt dieses Konzept doch zu einer Art metrisch-unlogischer Anomalität. Außerdem wird die Ersatzlösung nicht gleichermaßen auf alle Teilungen angewendet, und sie ist –

Beispiel 3.3B

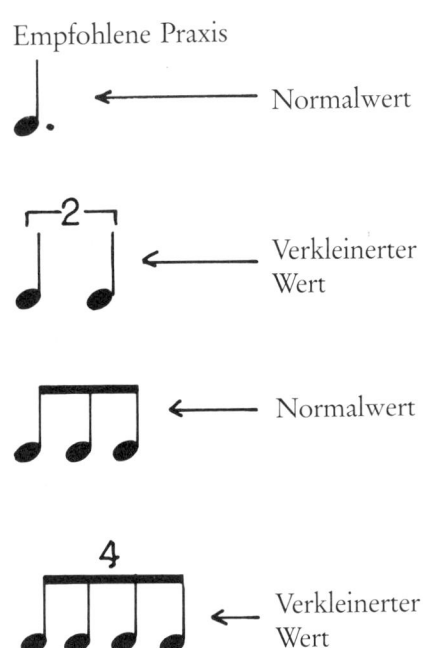

Empfohlene Praxis — Normalwert / Verkleinerter Wert / Normalwert / Verkleinerter Wert

Nicht empfehlenswert — Normalwert / Vergrößerter Wert / Normalwert / Verkleinerter Wert

und das ist entscheidend – in der allgemeinen Praxis nicht anerkannt.

Wir sind entschieden der Auffassung, daß ein Musikstudent in den Anfangskursen zunächst einmal solide Grundkenntnisse über den logischen Aufbau unseres Notensystems erlangen muß, bevor es ihm erlaubt ist, bei der Lösung überkomplizierter Probleme davon abzuweichen. Aus diesem Grunde wird die Kompromißpraxis nicht empfohlen.

Beispiel 3.3C gibt Quintolen, Septolen und Oktolen in der traditionellen und der alternativen Notation wieder.

Beispiel 3.3C

Traditionelle Praxis

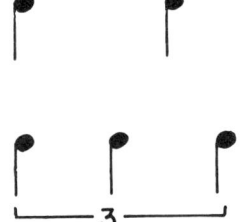

Kompromißform

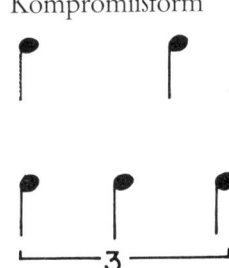

Fortsetzung nächste Seite

Beispiel 3.3C *(Fortsetzung)*

Traditionelle Praxis   Kompromißform

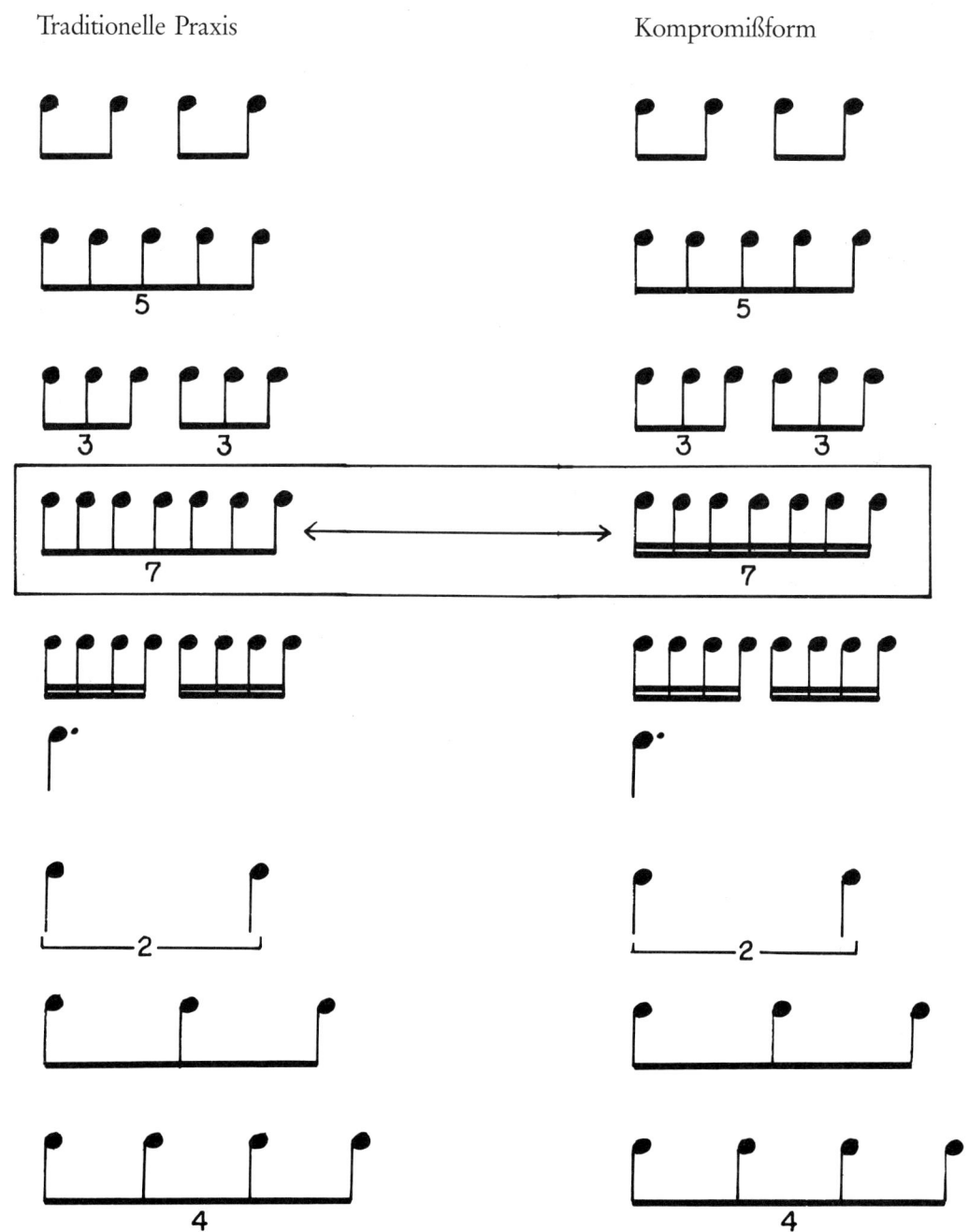

Beispiel 3.3C _(Fortsetzung)_

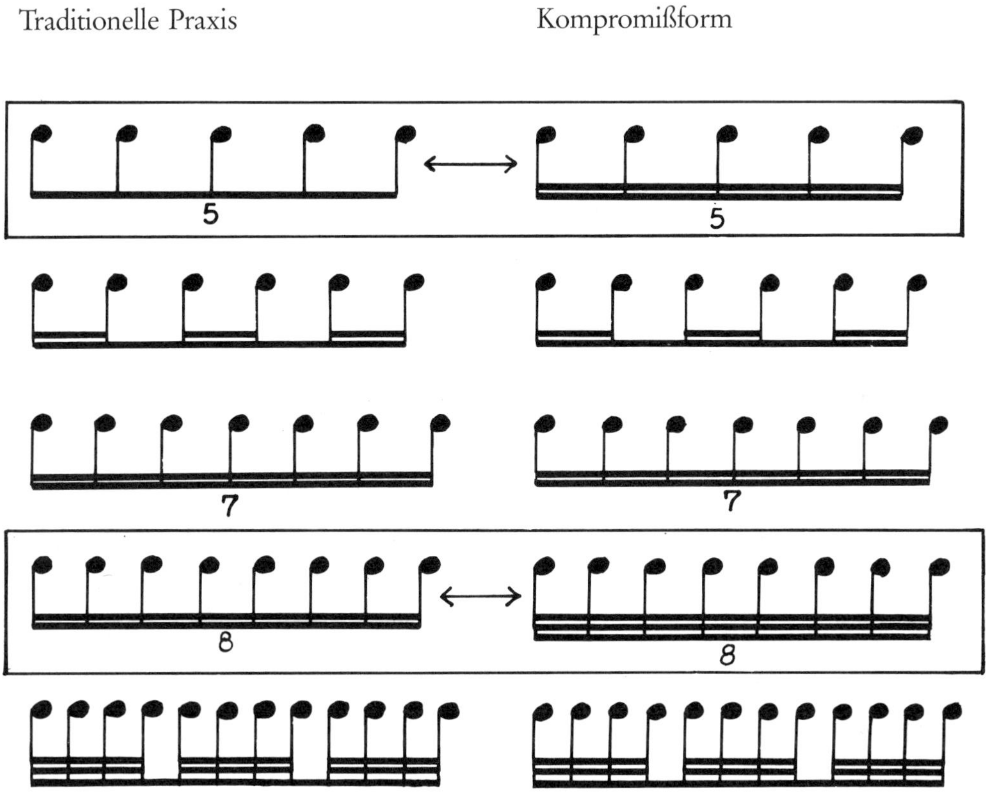

Traditionelle Praxis   Kompromißform

Die Notation muß stets, unabhängig von der geltenden Taktvorzeichnung, jeden Takt optisch in proportional angeordnete Zählzeiten gliedern. Allgemein gesagt, müssen die Abstände zwischen Notenköpfen und Pausen sich nach den arithmetischen Werten und Beziehungen richten, die die in den einzelnen Takten jeweils vorhandenen Zeichen repräsentieren, mit dem Ziel, dem Interpreten die unmittelbare optische Erfassung der rhythmischen Struktur zu erleichtern. Beispiel 3.4 zeigt korrekt und inkorrekt proportionierte Zählzeiten bei Kombinationen von Noten und Pausen in regulären und irregulären Teilungen im 2/4-, 3/4-, 4/4- und 6/8-Takt.

Beispiel 3.4

Beispiel 3.5 zeigt, wie die Notation Zählzeiten und Teilungen innerhalb der Zählzeiten genau darstellen muß.

Beispiel 3.5

In Takten, die normalerweise in zwei gleiche Hälften geteilt werden können, wie 4/4 und 4/8, kann man Paare von Zählzeiten miteinander verbalken, wenn jedes Paar aus gleichlangen 8tel-Noten besteht oder gleich bzw. einfach rhythmisiert ist. Aus Beispiel 3.6 wird ersichtlich, daß in allen solchen Fällen die Taktmitte notationsmäßig klar definiert sein muß.

Beispiel 3.6

Entsprechend müssen Noten oder Pausen, deren Werte das Taktzentrum kreuzen, in zwei Noten mit Haltebogen oder in zwei Pausen gebrochen werden, damit eine optische Identifikation der Taktmitte möglich wird, wie in Beispiel 3.7 dargestellt.

Beispiel 3.7

Der Grundwert von Noten und Pausen kann durch »Augmentationspunkte« verlängert werden. Augmentationspunkte stehen stets rechts von Notenköpfen oder Pausen in horizontaler Anordnung und im Abstand von einem halben Zwischenraum des Liniensystems. In Beispiel 3.8 wird durch einen Augmentationspunkt der Grundwert einer Note (oder Pause) um dessen Hälfte, durch einen zusätzlichen zweiten Punkt nochmals um dessen Viertel verlängert.

Beispiel 3.8

Punktierte Note   Entsprechende Werte
mit übergebundenen Noten

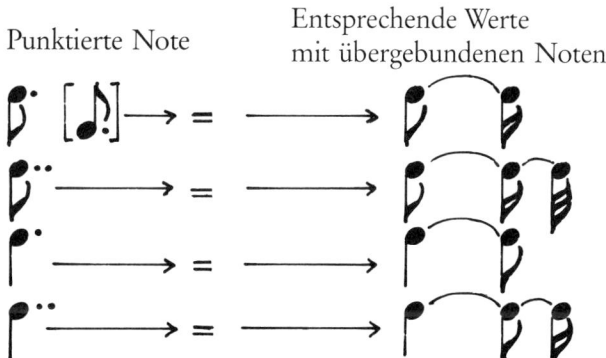

Normalerweise steht der Augmentations-punkt bei Notenköpfen in Zwischenräumen in der Mitte desselben Zwischenraums und bei Notenköpfen auf Linien in der Mitte des unmittelbar darüber liegenden Zwischenraums, und zwar stets rechts vom Notenkopf (Beispiel 3.9).

Beispiel 3.9

Bei separat gehalsten Noten auf geteiltem System müssen die Augmentationspunkte für die nach unten gehaltenen Noten abweichend von der Norm gesetzt werden. Während, wie aus Beispiel 3.10 ersichtlich, Noten mit nach oben weisenden Hälsen normal behandelt werden, wird bei denen, die auf Linien stehen und abwärts gerichtete Hälse haben, der Aug-mentationspunkt auf die Mitte des unmittel-bar darunter liegenden Zwischenraums ge-setzt. Auseinander gehalste Unisono-Noten auf geteiltem System benötigen für beide No-ten nur einen Augmentationspunkt, nicht unbedingt zwei vertikal übereinander ange-ordnete (siehe Beispiel 3.11).

Beispiel 3.10

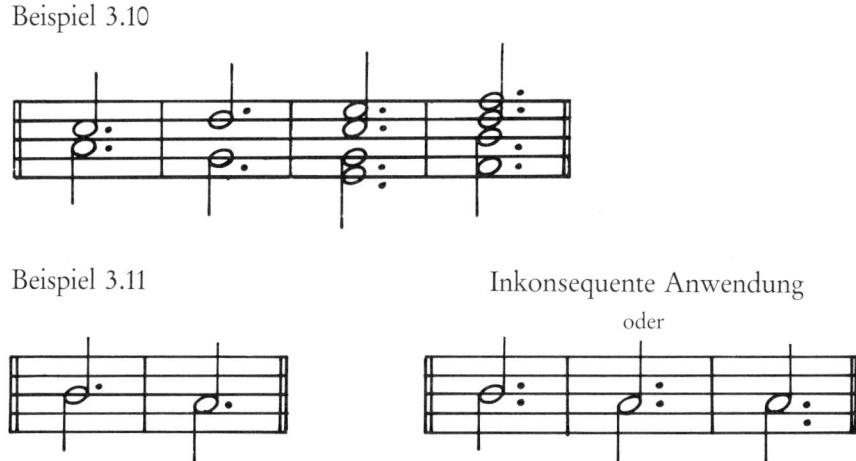

Beispiel 3.11   Inkonsequente Anwendung

oder

Während bei Unisono-Noten unterschied-lichen Wertes, die in Zwischenräumen stehen, der Ausführende erst an den nachfolgenden Notenwerten erkennen kann, welche der bei-den Unisono-Noten nicht punktiert ist, verrät die Plazierung des Augmentationspunktes bei Noten auf Linien, für welche der Noten der Punkt gilt und für welche nicht, wie in Beispiel

3.12A zu sehen ist. Eine akzeptable Alternative bei der Notation von punktierten Unisono-Noten unterschiedlichen Werts auf geteiltem System besteht darin, zwei einander berührende Notenköpfe zu verwenden, von denen der erste unpunktiert ist. Beispiel 3.12B zeigt solche Alternativen. Es empfiehlt sich allerdings, die alternativen Notationen aus Beispiel 3.12B auf solche rhythmisch und metrisch komplexen Notationskontexte einzuschränken, in denen die in Beispiel 3.12A dargestellte Art zu Mehrdeutigkeiten in der Stimmführung bei Notation auf geteiltem System führen kann (Beispiel 3.12C).

Beispiel 3.12A

Beispiel 3.12B

Beispiel 3.12C

Normale punktierte Unisono-Notation

Alternativlösung

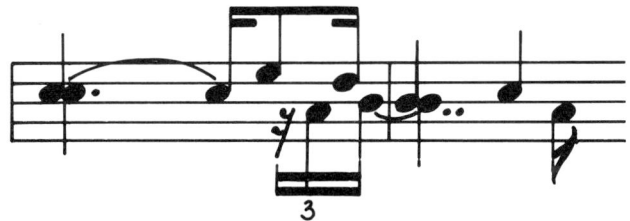

Augmentationspunkte zu zwei oder mehreren Notenköpfen, die Intervalle oder Akkorde ohne Sekunden bilden, werden lotrecht stets in Zwischenraummitte gesetzt (Beispiel 3.13); ebenfalls lotrecht angebracht werden Augmentationspunkte zu einzeln stehenden Sekundintervallen (Beispiel 3.14). Zu beachten ist, daß die lotrechte Anordnung der Punkte bei Sekundintervallen dazu führen kann, daß ein Augmentationspunkt durchaus weiter als einen halben Zwischenraumabstand des Liniensystems von dem ihm zugehörigen Notenkopf entfernt stehen kann.

Beispiel 3.13

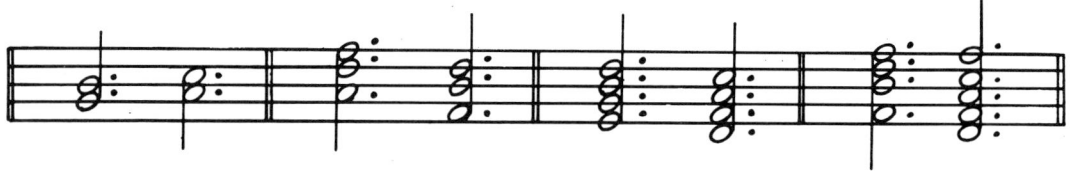

Beispiel 3.14

Die zuvor beschriebenen Arten der Plazierung von Augmentationspunkten sollten, wo immer möglich, auch auf sekundhaltige Akkorde von drei und mehr Notenköpfen angewandt werden. Die vielfachen Möglichkeiten bei der Plazierung von Notenköpfen verbieten allerdings die Formulierung verbindlicher Regeln.

Augmentationspunkte können auch zu allen Pausensymbolen gesetzt werden. Jedes Pausensymbol verlangt, wie auch ein einzeln stehendes Notenzeichen, in der vertikalen Anordnung jeweils nur einen Punkt, der stets rechts vom Pausenzeichen auf Zwischenraummitte angebracht wird. Vgl. hierzu Beispiel 3.15.

Beispiel 3.15

4. Balkensetzung

Die Balkensetzung ist durch anerkannte Stechereien vor mehr als hundert Jahren entwickelt und standardisiert worden. Traditionsgemäß haben alle Balken die Stärke eines halben Systemzwischenraumes. Zwei oder mehrere Balken, die eine Notengruppe verbinden, verlaufen parallel zueinander. In der Manuskript-Notation basieren einige spezielle Regeln für die Plazierung von einem und mehreren Balken auf den von den Stechereien entwickelten Stichregeln, ohne mit ihnen jedoch restlos identisch zu sein. Beispiel 4.1 zeigt ein Grundprinzip der Notation, das sowohl für Notenschrift als auch für Notenstich gilt. Horizontal gesetzte Balken in Zwischenräumen müssen stets in Berührung mit einer Notenlinie sein.

Beispiel 4.1

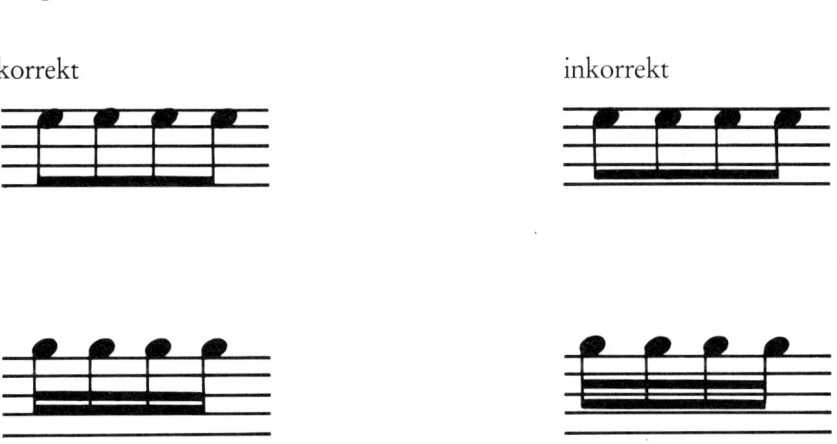

korrekt

inkorrekt

55

Einzelne horizontale Balken »hängen« an einer Notenlinie oder an einer gedachten Hilfslinie, wenn sie Noten zu einer Gruppe verbinden, die in Zwischenräumen stehen und aufwärts gehalst sind, wie in Beispiel 4.2. Einzelne horizontale Balken »sitzen« auf einer Notenlinie, wenn sie Noten zu Gruppen verbinden, deren Köpfe in Zwischenräumen ste-hen und abwärts gehalst sind (Beispiel 4.3). Wenn horizontale Balken Noten zu Gruppen verbinden, deren Köpfe auf Linien stehen und aufwärts oder abwärts gehalst sind, »bedek-ken« die Balken eine Notenlinie oder eine gedachte Hilfslinie (vgl. die Beispiele 4.4 und 4.5).

Beispiel 4.2

Beispiel 4.3

Beispiel 4.4

Beispiel 4.5

Die Plazierung von weiteren horizontalen Balken richtet sich nach der Position des ersten (einzelnen) Balkens. Wenn ein erster Balken, der aufwärts bzw. abwärts gehalste Noten zu Gruppen verbindet, eine Linie bedeckt, so muß der zweite Balken an einer unmittelbar benachbarten Notenlinie hängen bzw. auf einer solchen Notenlinie sitzen. Ein zweiter Balken bedeckt eine Linie, wenn er zu einzeln verbalkten Notengruppen hinzukommt, deren erster Balken an einer Notenlinie hängt oder auf einer Notenlinie sitzt. Die Beispiele 4.6A und B zeigen Positionen solcher zweiter Balken.

Beispiel 4.6A

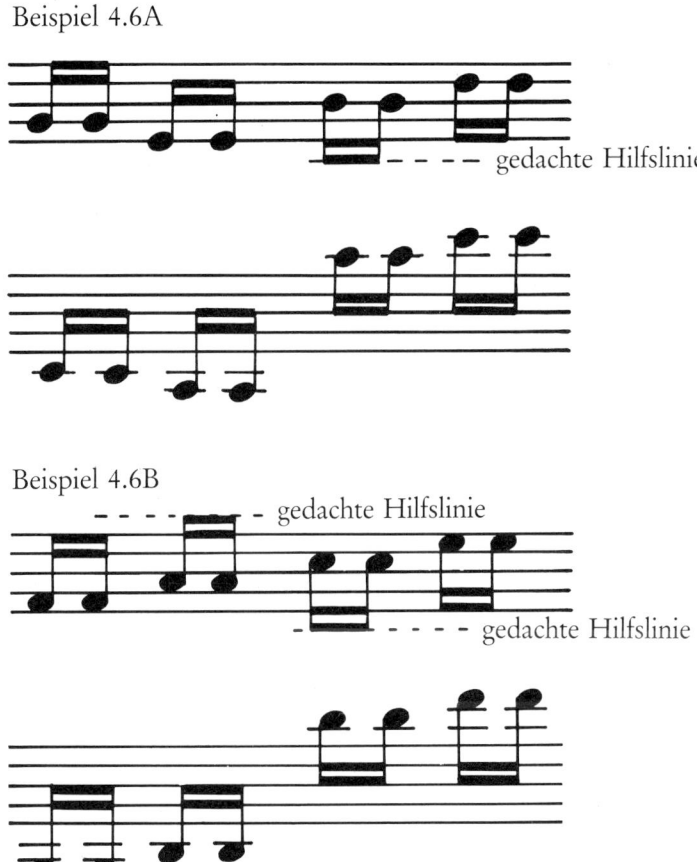

Beispiel 4.6B

Die Setzung eines dritten horizontalen Balkens kann zu ungleichen Abständen führen, was unbedingt vermieden werden muß. Eine Versetzung des ersten Balkens – ehe zweiter und dritter Balken angebracht werden – beseitigt dieses Problem. Erste Balken, die an einer Notenlinie hängen oder auf einer Notenlinie sitzen, brauchen nicht versetzt zu werden, denn sie erlauben auch für den dritten Balken eine hängende oder sitzende Position. Bei solchen aber, die normalerweise eine Notenlinie bedecken, müssen die Notenhälse verlängert werden, damit eine Versetzung des ersten Balkens in hängende bzw. sitzende Position für aufwärts bzw. abwärts gehalste Noten möglich wird. Wenn der erste Balken in dieser Weise versetzt ist, kann der zweite Balken in einer die Linie bedeckenden Position angebracht werden, und der dritte Balken hängt an der Notenlinie bei aufwärts gehalsten und sitzt auf der Notenlinie bei abwärts gehalsten Noten. Gleicher Zwischenraum kann so zwischen allen Balken gewahrt werden, wie in Beispiel 4.7 zu sehen ist.

Beispiel 4.7

gedachte Hilfslinien

Die Art der Plazierung für horizontale Balken paßt in ähnlicher Weise auch auf schräggestellte Balkung von Notengruppen. Aus der Gesamtheit von Möglichkeiten für die Schrägstellung von Balken, die die Notenstecher entwickelt haben mit dem Ziel, stets gleiche Abstände bei doppelter und mehrfacher Balkung zu wahren und gleichzeitig schwarze und/oder weiße Dreiecke zwischen Balken und Notenlinien zu vermeiden (weiße Dreiecke neigen dazu, beim Schreiben mit Tinte zuzulaufen), können Grundregeln für die Manuskript-Notenschrift abgeleitet werden. Eine davon besteht darin, schräggestellte Balkung auf solche Notengruppen zu beschränken, die in aufeinanderfolgenden Intervallen skalenmäßig, in großen Intervallen, in Sprüngen und in Arpeggios auf- und absteigen. Der Winkel des Schrägbalkens mit der Notenlinie sollte so klein wie möglich bleiben und der Schrägbalken selbst nicht mehr als einen Systemzwischenraum durchqueren. Beispiel 4.8 zeigt charakteristische Verwendungsarten von Schrägbalken in Manuskript-Notation, während aus Beispiel 4.9 hervorgeht, daß verbalkte Notengruppen mit unterbrochener Bewegungsrichtung oder unterschiedlichen Tonhöhen horizontale Balken haben sollten.

Beispiel 4.8

gedachte Hilfslinien

Beispiel 4.9

Wenn ein Doppelbalken eine Schrägstellung verlangt, sollte keiner der Balken eine Notenlinie schneiden. In solchen Fällen kann der Schnitt der Notenlinie dadurch vermieden werden, daß der Schrägungswinkel so klein wie möglich angesetzt wird, falls hier nicht überhaupt eine horizontale Anordnung der Balken vorzuziehen ist (Beispiel 4.10).

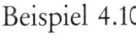

Wenn man das Überschneiden von Notenlinien bei der Plazierung von drei oder mehreren Balken vermeiden will, muß jeder der Balken zu Beginn und am Ende gleichmäßig versetzt werden. Diese Umsetzung vergrößert die Abstände zwischen den Balken einheitlich und verkleinert den Winkel zwischen Balken und Notenlinie. Wenn alle drei Balken oben oder unten außerhalb des Systems stehen, erübrigt sich die Versetzung der Balken. Beispiel 4.11 zeigt diese Praxis.

Beispiel 4.11

inkorrekt   korrekt

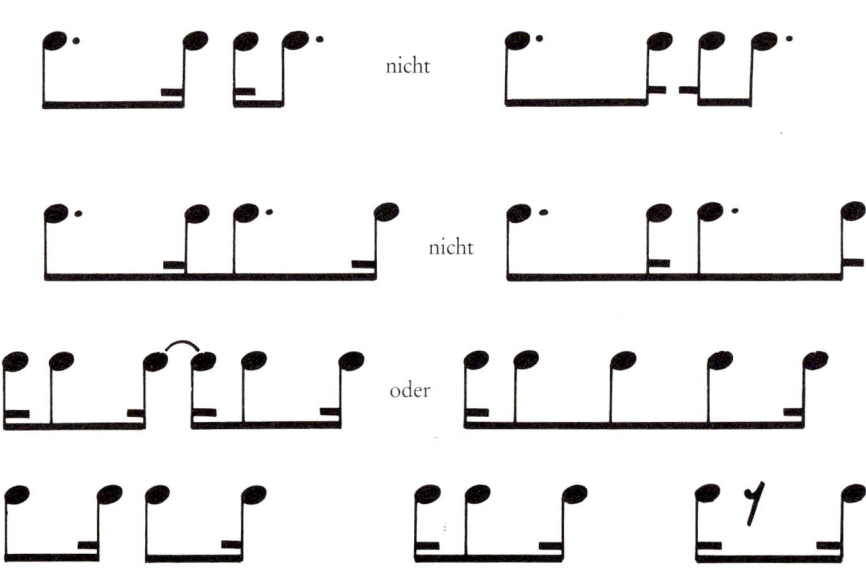

Einzelne Noten mit kürzerem Wert innerhalb einer verbalkten Notengruppe werden gewöhnlich durch ein »Balkenstückchen« gekennzeichnet. Alle Balkenstückchen werden an Notenhälsen angebracht und sollten die Länge eines Notenkopfdurchmessers haben. Beispiel 4.12 zeigt, daß die Balkenstückchen stets ins Innere der Zählzeiten weisen, in denen sie vorkommen.

Beispiel 4.12

Der Abstand zwischen schrägen oder horizontalen Balken und den Notenköpfen einer verbalkten Notengruppe richtet sich nach der normalen Notenhalslänge. Während einerseits ein Notenhals innerhalb einer verbalkten Notengruppe gelegentlich verlängert werden muß, damit er den äußersten Balken erreicht, darf andererseits keine Note einen Hals haben, der kürzer ist als normal. Normale Notenhalslängen sind in Beispiel 4.13 mit einem Sternchen versehen.

Beispiel 4.13

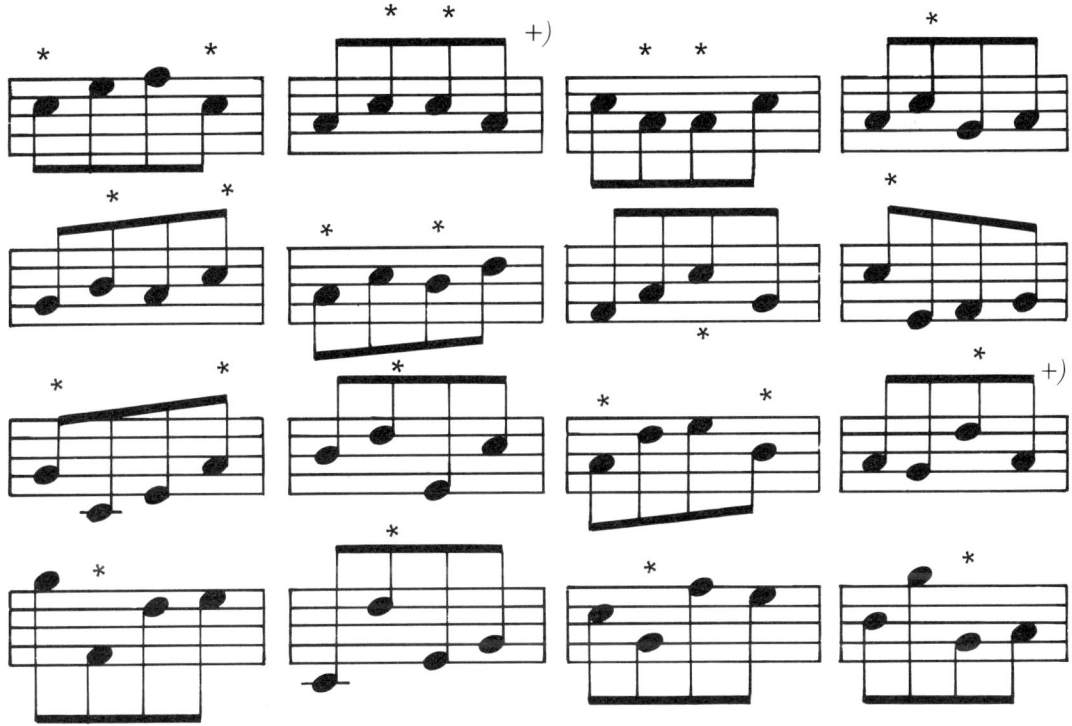

Eine bei Komponisten und Arrangeuren von rhythmisch komplexer Musik immer beliebter werdende Balkungspraxis besteht darin, den Balken zu verlängern, so daß er auch Pausenzeichen erfaßt, die dadurch zu integralen Bestandteilen der verbalkten Notengruppe werden. Kurze Hälse, nennen wir sie »Hälschen«, reichen dabei vom Balken zu den Pausensymbolen, ohne sie jedoch zu berühren. Beispiel 4.14 zeigt solche Balkenverlängerung und die Verwendung von Hälschen.

Beispiel 4.14

5. Taktstriche und Wiederholungszeichen

Das Fünfliniensystem und das Einliniensystem werden von lotrechten Linien durchschnitten, die Taktstriche heißen. Taktstriche im Fünfliniensystem werden von der obersten zur untersten Linie durchgezogen; im Einliniensystem durchschneiden sie die Linie und sind von gleicher Länge wie der Perkussionsschlüssel. Taktstriche als Teilungszeichen können in drei verschiedenen Typen auftreten (Beispiel 5.1): Typ A dient zur Unterteilung des Systems in Takte; Typ C zeigt das Ende eines Musikstückes an, und Typ B bezeichnet das Ende größerer Teile innerhalb eines Stückes und steht vor einem Wechsel der Tonartvorzeichnung.

Beispiel 5.1

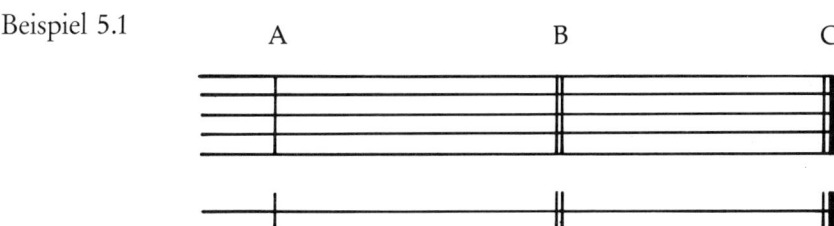

Typ C und sein vertikales Spiegelbild (‖) bilden zusammen mit vertikal angebrachten Punkten Wiederholungszeichen für Abschnitte eines Musikstückes. Derartige Wiederholungszeichen können in zweierlei Art auftreten, die in Beispiel 5.2A und B wiedergegeben sind. In Beispiel 5.2A genügt das Wiederholungszeichen mit den Punkten links vom Taktstrich als Anweisung für eine Wiederholung vom Anfang des Werkes an, während in Beispiel 5.2B die beiden rechts und links vom Taktstrich mit Punkten versehenen Wiederholungszeichen für alle möglichen Wiederholungen innerhalb eines Werkes erforderlich sind.

Beispiel 5.2A

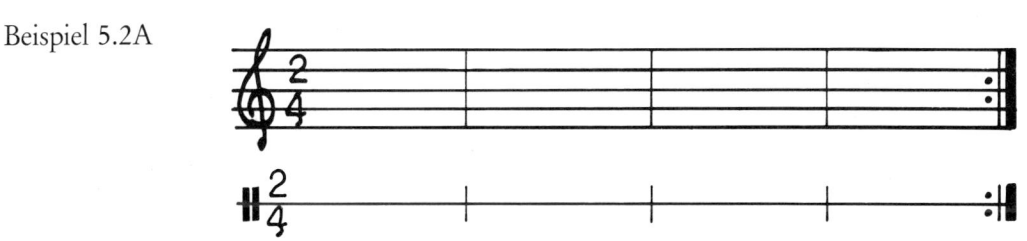

Beispiel 5.2B

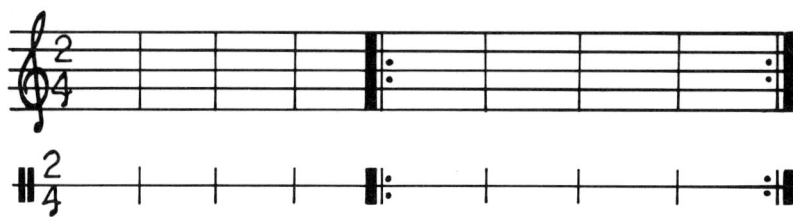

Das links punktierte Wiederholungszeichen kann auch in Verbindung mit Mehrfachendungen, sogenannten »Voltennotierungen«, verwendet werden. Die Takte der Mehrfachendungen, die sogenannten »Voltentakte«, müssen stets mit »Voltenklammern« über dem System gekennzeichnet werden. Während die erste Voltenklammer die Gesamtlänge aller nicht-wiederholten Takte umfassen muß, braucht die zweite Voltenklammer nur einen vollständigen Takt zu umschließen, wie in Beispiel 5.3A–C dargestellt. Alle Voltenklammern müssen dem Ablauf des Musikstücks entsprechend numeriert oder sonstwie gekennzeichnet sein. Der Abstand zwischen den vertikalen Abstrichen der Vol-

tenklammern und der obersten Notenlinie sollte einen Systemzwischenraum betragen, der Abstand zwischen vertikalen Abstrichen benachbarter Klammern ebenfalls und auf den Durchmesser eines dicken Schlußstrichs oder auf einen Doppeltaktstrich (Beispiel 5.3C) ausgerichtet sein. Alle Klammern, Anweisungen, Nummern und damit zusammenhängende weitere Anweisungen sollten so angebracht sein, daß Konflikte mit irgendwelchen Notenzeichen in den Takten unter den Klammern vermieden werden. Der Schlußstrich in Beispiel 5.3C muß optisch durch ein unmittelbar vorangehendes oberhalb angebrachtes *Fine* bekräftigt werden.

Beispiel 5.3A

Beispiel 5.3B

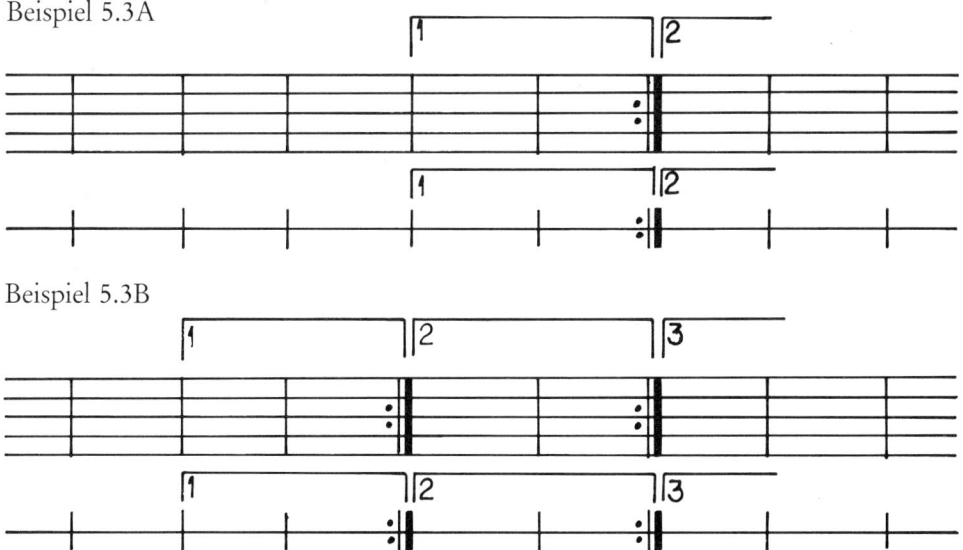

Beispiel 5.3C

Identische vertikale Anordnung einer gleichen Anzahl von Takten auf untereinanderstehenden Systemen kann bei Stimmennotation zu optischer Mehrdeutigkeit für den Interpreten führen und muß darum vermieden werden. Eine Versetzung der Taktstriche in direkt untereinander stehenden Systemen, wie in Beispiel 5.4 gezeigt, löst dieses Problem.

Beispiel 5.4

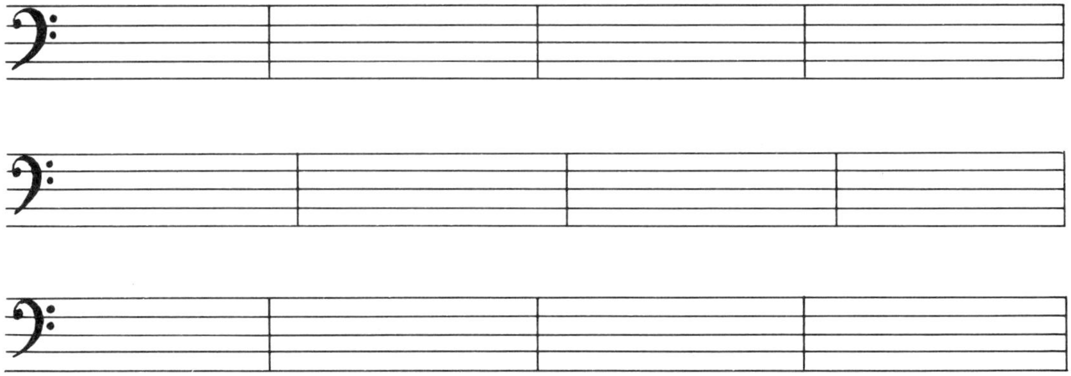

an Stelle von:

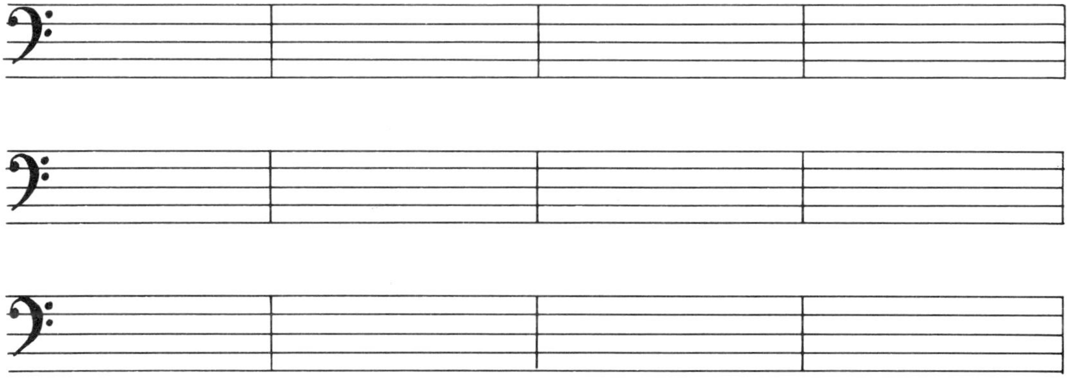

Der Terminus *simile* (*sim.*), der über einem Takt steht, zeigt die Weiterführung von einzelnen Artikulationszeichen oder Artikulationen ganzer Takte über eine längere Strecke an. Dem *simile* muß ein kompletter Takt oder die gesamte weiterzuführende Artikulation voll ausnotiert vorangehen. Falls ein *simile* auf einem Folgesystem weitergelten soll, muß dem hier erneut zu notierenden *simile* ebenfalls ein voll ausnotierter Takt oder zumindest die voll ausnotierte zu wiederholende Artikulation vorangehen. Beispiel 5.5A und B zeigt die Verwendung von *simile*.

Beispiel 5.5A

Beispiel 5.5B

Wiederholungen ganzer Takte können durch punktierte Schrägstriche angezeigt werden. Der Schrägstrich wird zwischen zweiter und vierter Linie des Fünfliniensystems angebracht und durchschneidet die mittlere Linie in Taktmitte. Ein Punkt wird auf der Mitte des dritten Zwischenraums gesetzt und auf das linke untere Ende des Schrägstrichs ausgerichtet und der zweite Punkt entsprechend in den zweiten Zwischenraum gesetzt und auf das rechte obere Ende des Schrägstrichs ausgerichtet. Beim Einliniensystem kann der punktierte Schrägstrich oberhalb, unterhalb oder auf der Linie stehen. Falls vier oder mehr Takte mit punktierten Schrägstrichen unmittelbar aufeinander folgen, sollte man als Zählhilfe für den Ausführenden gemäß der Anzahl der Takte über jeden vierten Takt die entsprechende Zahl in runden Klammern setzen. Wie bei der Verwendung des *simile* auf Folgesystemen muß auch beim punktierten Schrägstrich der abgekürzten Schreibweise jeweils ein voll ausnotierter Takt vorangehen. Zur Verwendung und Notation punktierter Schrägstriche vgl. Beispiel 5.6A–C.

Beispiel 5.6A

Beispiel 5.6B

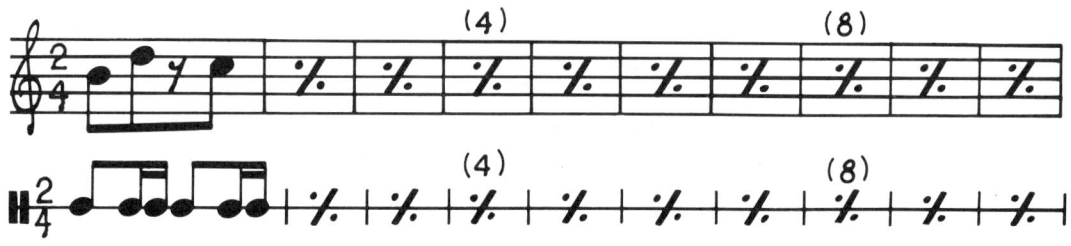

Beispiel 5.6C

Folgesystem

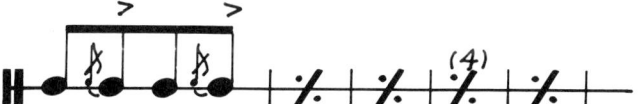

Folgesystem

Die Wiederholung von Taktpaaren (Doppeltakten) kann mittels eines punktierten Doppelschrägstrichs abgekürzt notiert werden. Der Doppelstrich ist symmetrisch um einen Taktstrich herum angeordnet, während die Punkte so gesetzt werden, wie in Beispiel 5.6A gezeigt. Die in Beispiel 5.6B und C dargestellte Praxis ist auch auf den punktierten Doppelstrich anzuwenden, wie aus Beispiel 5.7A–C zu ersehen ist.

Beispiel 5.7A

Beispiel 5.7B

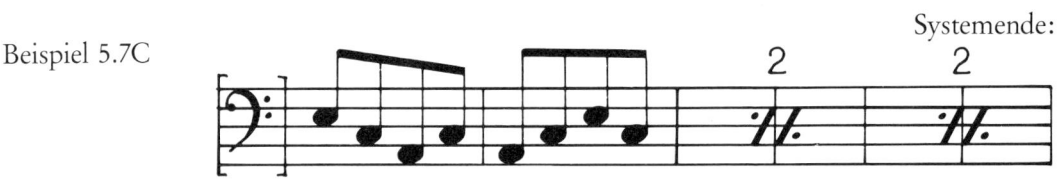

Beispiel 5.7C

Folgesystem

Fortsetzung nächste Seite

Beispiel 5.7C *(Fortsetzung)*

Folgesystem

Notierungen von fortlaufenden Wiederholungen identischer Intervalle oder Akkorde können durch einfache Schrägstriche (ohne Punkte) abgekürzt werden, wenn die Wiederholungen mit den geltenden Zählzeiten zusammenfallen. Der Schrägstrich steht zwischen zweiter und vierter Notenlinie und durchschneidet die Mittellinie. Im Einliniensystem kann der Schrägstrich unterhalb, oberhalb oder mitten auf der Linie stehen. Alle solche Schrägstriche müssen so plaziert werden, als seien sie richtige Noten. Beispiel 5.8 demonstriert die Verwendung der Schrägstriche.

Beispiel 5.8

Fortlaufende Wiederholungen von Intervallen oder Akkorden, die rhythmisiert sind, können durch bloße Notenhälse ohne Notenköpfe (nach einer ersten vollen Notation des Intervalls oder Akkords) dargestellt werden. Auf Folgesystemen muß dann jeweils nur das Intervall oder der Akkord einmal ausnotiert werden, ehe man mit der Notation durch bloße Notenhälse fortfährt, nicht jedoch ein voller Takt. Beispiel 5.9A und B zeigt diese Praxis.

Beispiel 5.9A

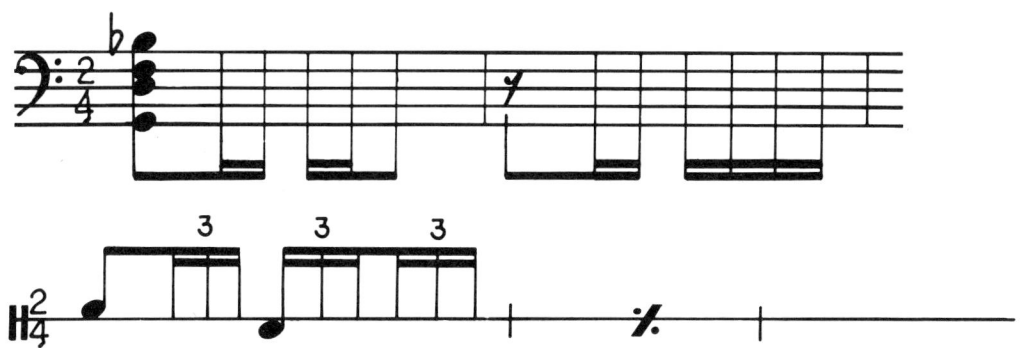

Beispiel 5.9B

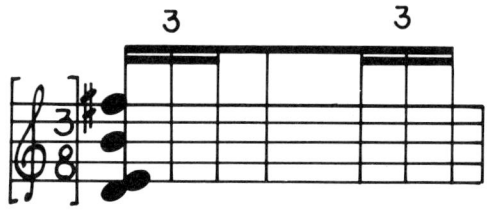

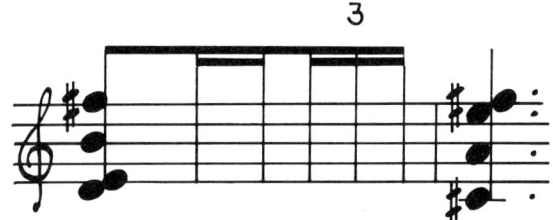

Dynamische Zeichen und Tempobezeichnungen sind von der abgekürzten Notation von wiederholten Takten oder Rhythmen unabhängig und können in solchen Abschnitten entsprechend gesetzt oder auch verändert werden.

Bei Wiederholungen größerer Abschnitte erweist sich die Verwendung des *Dal Segno* (wörtlich: vom Zeichen ✶) in Verbindung mit entsprechenden verbalen Anweisungen als durchaus praktisch. Die Plazierung solcher Anweisungen erfolgt bei Einzelstimmen stets oberhalb des Systems und bei Partituren ober-halb zusammengehöriger Systeme. In Beispiel 5.10 sind die gebräuchlichsten traditionellen *Dal Segno*-Anweisungen zusammengestellt und definiert. Dabei kann das Wort *Segno* selbst in der verbalen Anweisung verwendet werden oder wegbleiben.

Beispiel 5.10

Anweisung   *Definition*

Anweisung	Definition
Dal Segno al Fine oder Dal Segno ✶ al Fine oder Dal ✶ al Fine	Vom Zeichen ✶ bis *fine*
Da Capo al Segno	Vom Anfang bis zum Zeichen ✶
Da Capo al Segno e poi al Coda	Vom Anfang bis zum Zeichen ✶ , dann die Coda
Dal Segno ✶ al ⊕ e poi al Coda	Vom Zeichen ✶ zu ⊕ , dann in die Coda
Da Capo al Segno ✶ e poi al ⊕ oder Da Capo al ✶ e poi ⊕	Vom Anfang zum Zeichen ✶ und dann zu ⊕
Da Capo al Fine	Vom Anfang bis *fine*

In allen Fällen muß das *Dal Segno*-Zeichen (𝄋) sowohl am Anfangs- als auch am Endpunkt des Wiederholungsabschnitts stehen, während das Zeichen ⊕ nur oberhalb des Schlußpunkts notiert wird (vgl. Beispiel 5.11).

Beispiel 5.11

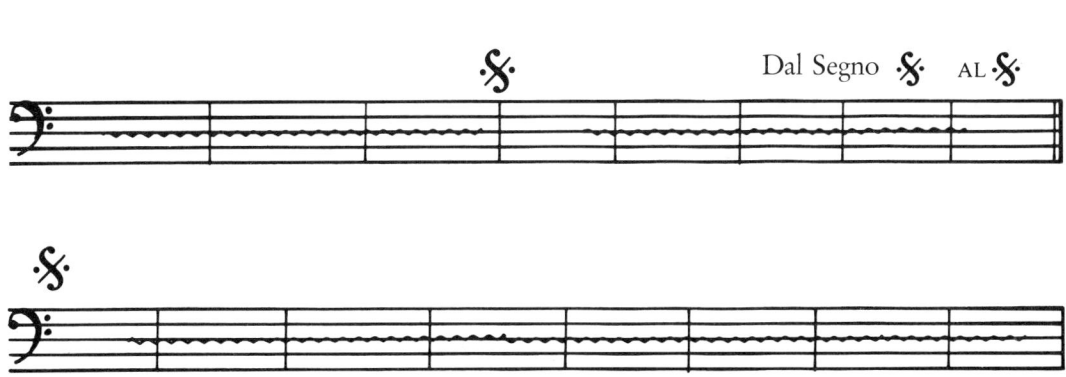

Fortsetzung nächste Seite

Beispiel 5.11 *(Fortsetzung)*

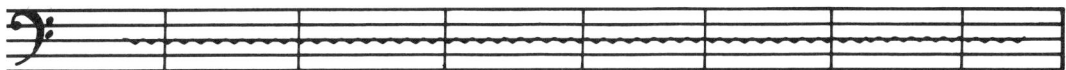

Dal Segno 𝄋 AL CODA

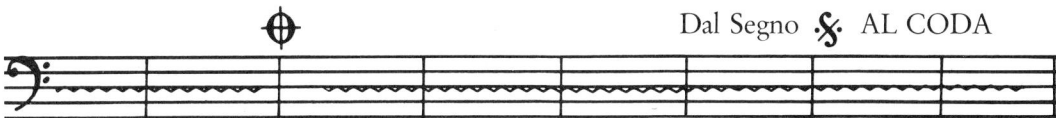

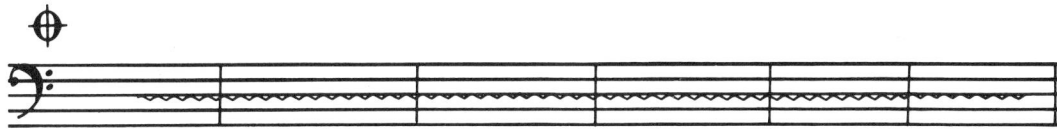

6. Halte- und Bindebögen

Der Haltebogen ist eine gebogene Linie, die zwei aufeinanderfolgende Noten gleicher Tonhöhe miteinander verbindet. Die beiden verbundenen Noten werden zu einem einzigen ununterbrochenen Klang, dessen Dauer sich aus den verbundenen Werten ergibt. Während der Bogen horizontal oberhalb, innerhalb oder unterhalb des Notensystems verlaufen kann, sollte die Bogenhöhe nicht geringer als eine Terz und nicht größer als eine Quart sein, und zwar unabhängig von der Bogenlänge. Generell verläuft bei verbundenen Einzelnoten die Bogenführung der Haltebögen entgegen der vorhandenen oder gedachten Halsrichtung. Da die Bogenenden weder den Notenkopf noch andere mit ihm zusammenhängende Symbole berühren dürfen, sollten sie unmittelbar nach bzw. vor dem Halbierungspunkt des entsprechenden Quadranten eines Notenkopfes beginnen oder enden, wie in Beispiel 6.1A gezeigt. Korrekte Plazierung und Bogenführung langer und kurzer Haltebögen sind in Beispiel 6.1B dargestellt.

Beispiel 6.1A

Bogenbeginn am Halbierungspunkt
des Quadranten *)

Bogenende entsprechend

*) Vgl. Vorwort zur deutschen Ausgabe

Beispiel 6.1B

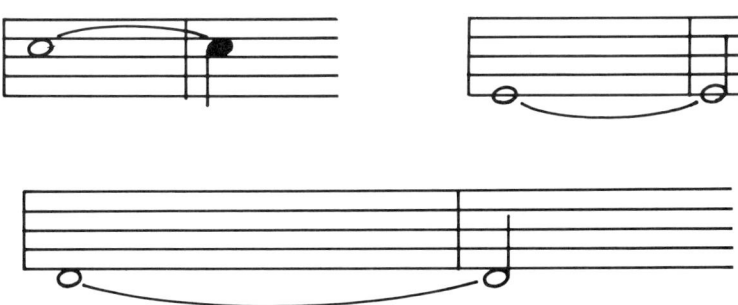

Beispiel 6.2 zeigt die Anwendung von Haltebögen auf Noten mit enharmonisch identischer Tonhöhe.

Beispiel 6.2

Wechsel der Halsrichtung bei verbundenen Noten führen zu einer veränderten Bogenführung der Haltebögen. Wenn eine oder beide Noten abwärts gehalst sind (Beispiel 6.3), wird der Haltebogen obenherum geführt.

Beispiel 6.3

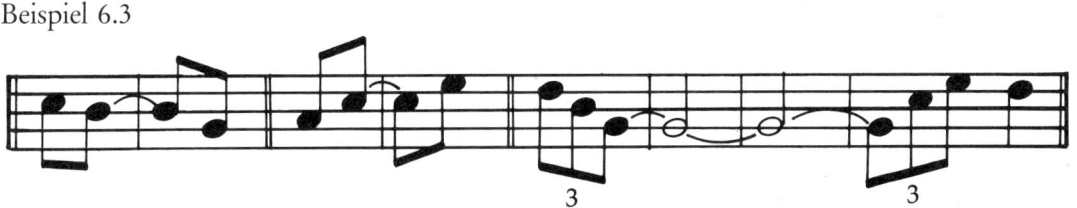

Haltebögen, die am Systemende unterbrochen und auf dem Folgesystem weitergeführt werden müssen, sollten sich in der Bogenführung nach der zweiten der verbundenen Noten richten. Die Führung des Haltebogens sollte den letzten Taktstrich (bzw. die letzten Taktstriche) nicht berühren oder darüber hinausgehen, eingeschlossen Fälle von gleichzeitigem Wechsel von Tonart- und/oder Taktvorzeichnung. Außerdem sollte die Bogenführung eines unterbrochenen Haltebogens auf dem Folgesystem in ihrer Richtung nicht gewechselt werden. Bei unterbrochenen Haltebögen wird der fortgeführte Bogen auf dem Folgesystem unmittelbar nach dem Schlüssel angesetzt bzw. nach der Tonart- oder der Taktvorzeichnung. Beispiel 6.4 zeigt diese Praxis der Bogenbehandlung.

Beispiel 6.4

Systemende   Folgesystem

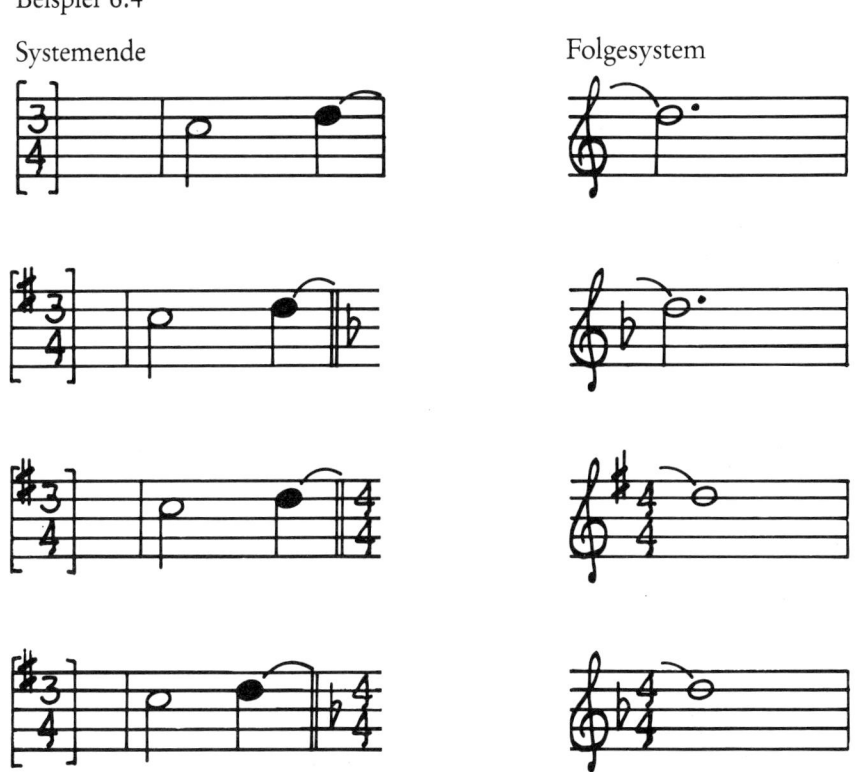

Wenn am Ende eines Systems Schlüsselwechsel zusammen mit der Unterbrechung eines Haltebogens auftritt, unterscheidet sich die Bogenführung von der normalen Praxis insofern, als sie bis unmittelbar vor das Schlüsselzeichen (vor dem letzten Taktstrich) reichen muß. Beispiel 6.5 zeigt diese Veränderung bei der Unterbrechung von Haltebögen.

Beispiel 6.5

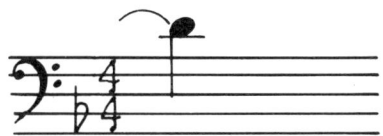

Haltebögen, die Sekundintervalle miteinander verbinden, werden stets in Gegenrichtung, also auseinander geführt, wie in Beispiel 6.6; in gleicher Weise werden Haltebögen bei Sekunden auf geteiltem System behandelt, unabhängig von der hier notwendigen Umstellung der Notenköpfe (Beispiel 6.7).

Beispiel 6.6

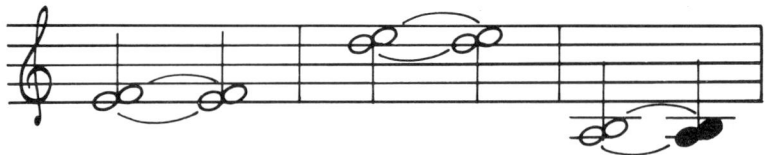

Beispiel 6.7

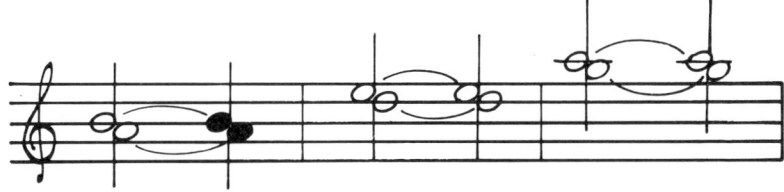

Haltebögen zwischen Intervallen oder Akkorden mit jeweils übereinstimmender Anzahl von Noten ohne Sekunden werden in Gegenrichtung geführt (Beispiel 6.8A).

Beispiel 6.8A

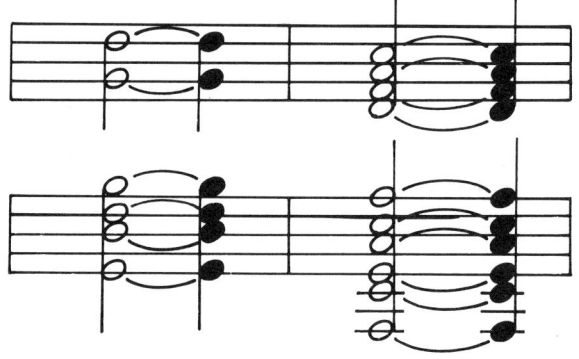

Haltebögen zwischen Akkorden von zwei oder mehr Noten bei Stimmennotation auf geteiltem System werden in Halsrichtung oder gedachter Halsrichtung der jeweiligen Stimme geführt (Beispiel 6.8B).

Beispiel 6.8B

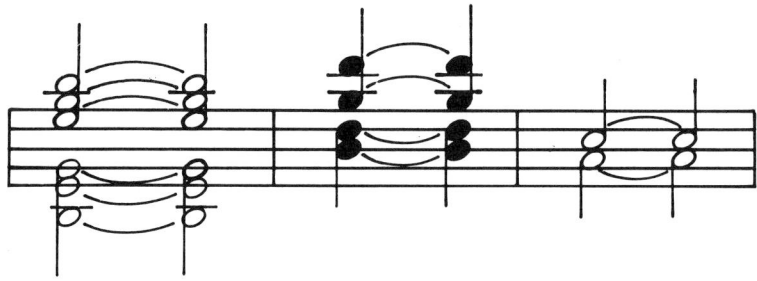

Der Haltebogen zwischen mittleren Noten innerhalb von Akkorden mit einer ungeraden Zahl von Noten ohne Sekunden richtet sich nach der Plazierung der mittleren Notenköpfe. Der Haltebogen wird obenherum geführt, wenn die mittleren Notenköpfe auf oder oberhalb der Mittellinie des Notensystems stehen, und untenherum, wenn die mittleren Notenköpfe unterhalb der Mittellinie stehen (vgl. Beispiel 6.9).

Beispiel 6.9

Haltebögen zwischen Sekunden innerhalb von Akkorden mit drei oder mehr Noten werden in Gegenrichtung geführt und bestimmen die Bogenführung aller anderen Haltebögen oberhalb und/oder unterhalb der Sekunde, wie in Beispiel 6.10.

Beispiel 6.10

Haltebögen zwischen zwei und mehreren Sekunden innerhalb von Akkorden von vier und mehr Noten werden wie bei einzelnen Sekunden geführt, jedoch mit einer Ausnahme: Wenn die Plazierung der Notenköpfe dazu führt, daß die inneren Haltebögen einander überlappen (Beispiel 6.11), müssen die inneren Haltebögen jeweils parallel zu den äußeren Haltebögen der Sekunden geführt werden.

Beispiel 6.11

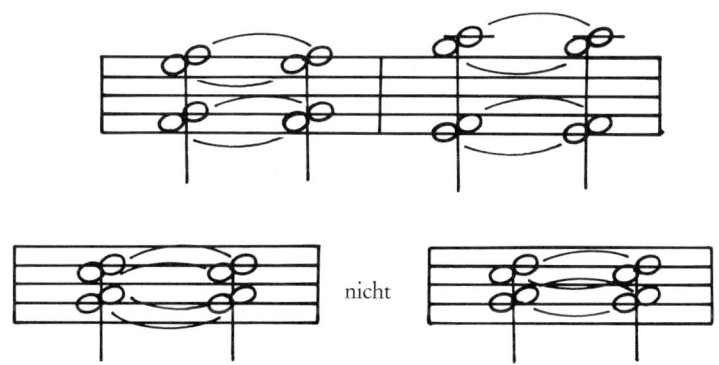

nicht

Der Bindebogen (auch Legato-Bogen oder Artikulationsbogen) ist eine gebogene Linie, die an der Position des Staccato-Punktes beginnt und endet. Er kann horizontal oder schräg unterhalb, oberhalb oder innerhalb des Systems geführt werden. Bindebögen geben Hinweise auf Stricharten bei gestrichenen Saiteninstrumenten, überbrücken nicht vorhandene Artikulation und/oder bedeuten Legato-Spiel bei Blas- und Tasteninstrumenten sowie Phrasierung bei Schlaginstrumenten mit definitiver Tonhöhe. Gebundene Passagen, die zur Gänze entweder aus abwärts oder aufwärts gehalsten Noten bestehen, haben obenherum bzw. untenherum geführte Bindebögen. Solche mit aufwärts und abwärts gehalsten Noten haben stets nur obenherum geführte Bindebögen. Beispiel 6.12 zeigt die korrekte Verwendung des Bindebogens.

Beispiel 6.12

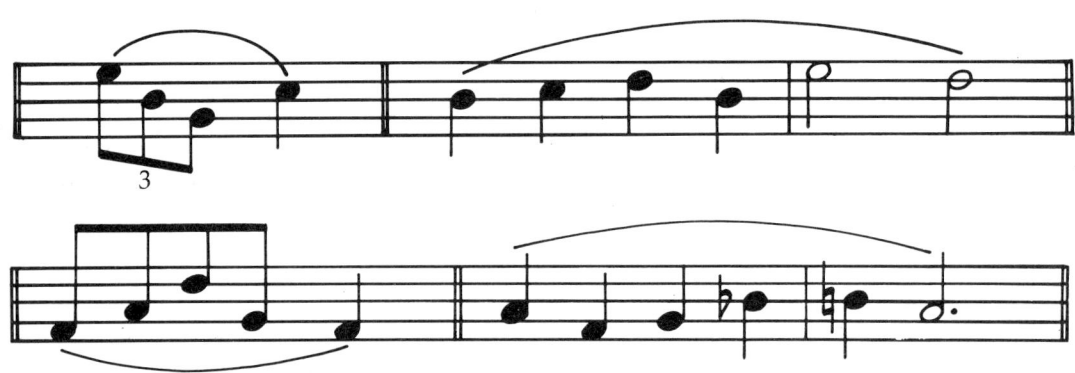

Aus Beispiel 6.13 wird deutlich, daß Noten ohne Hälse so gebunden werden, als hätten sie Hälse.

Beispiel 6.13

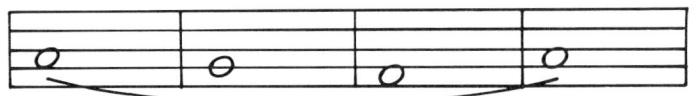

Haltebögen innerhalb von gebundenen Passagen bleiben auf die Führung eines Bindebogens ohne Einfluß, wie aus Beispiel 6.14 ersichtlich. In gebundenen Passagen, an deren Anfang zwei durch Haltebogen verbundene Noten stehen (Beispiel 6.15), muß der Binde-

bogen bei der ersten der beiden Noten beginnen, und in gebundenen Passagen, die mit zwei durch Haltebogen verbundene Noten enden, muß der Bindebogen bis zur letzten Note geführt werden (Beispiel 6.16).

Beispiel 6.14

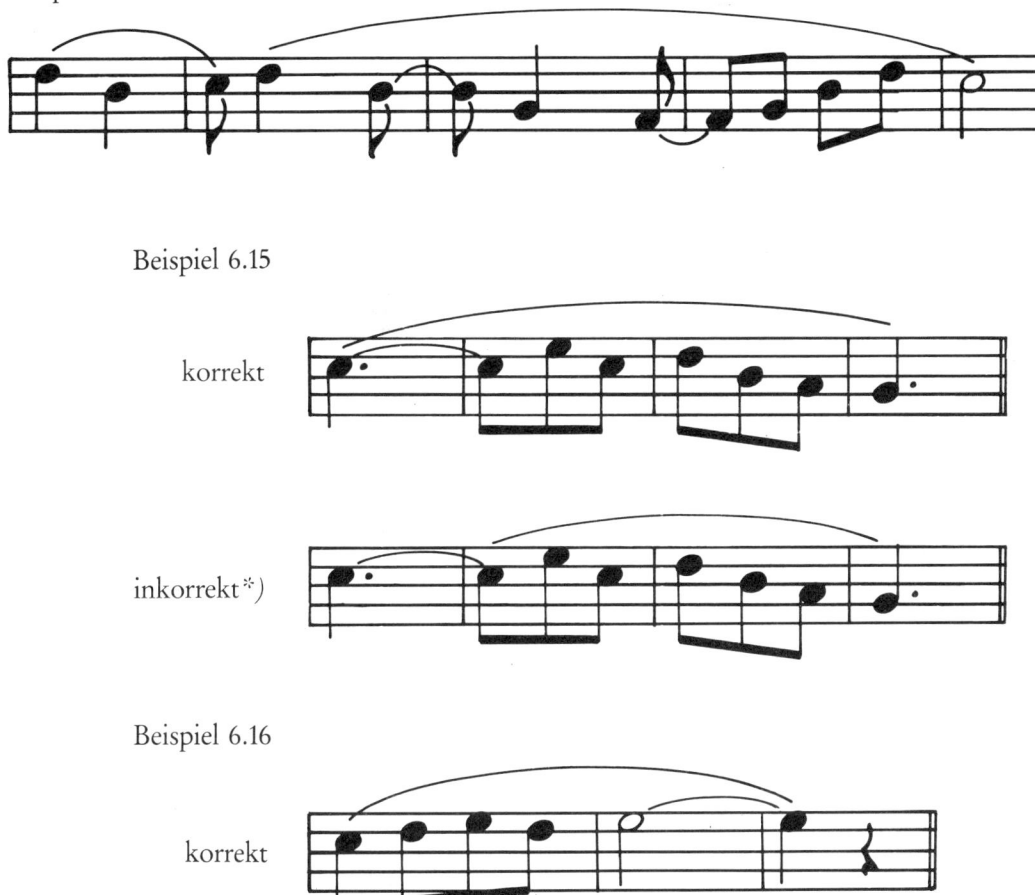

Beispiel 6.15

korrekt

inkorrekt*)

Beispiel 6.16

korrekt

inkorrekt*)

*) *Vgl. Vorwort zur deutschen Ausgabe*

Bindebögen, die durch Systemende unterbrochen werden, dürfen nicht ab- bzw. aufwärts geführt werden, ehe sie ober- oder unterhalb des letzten Taktstrichs enden. Im übrigen verfährt man bei der Unterbrechung und Weiterführung von Bindebögen ganz ähnlich wie bei den Haltebögen. Beispiel 6.17 zeigt die Bogenstellung des Bindebogens bei dessen Unterbrechung am Systemende und die Fortführung auf dem Folgesystem.

Beispiel 6.17

Systemende:

Folgesystem

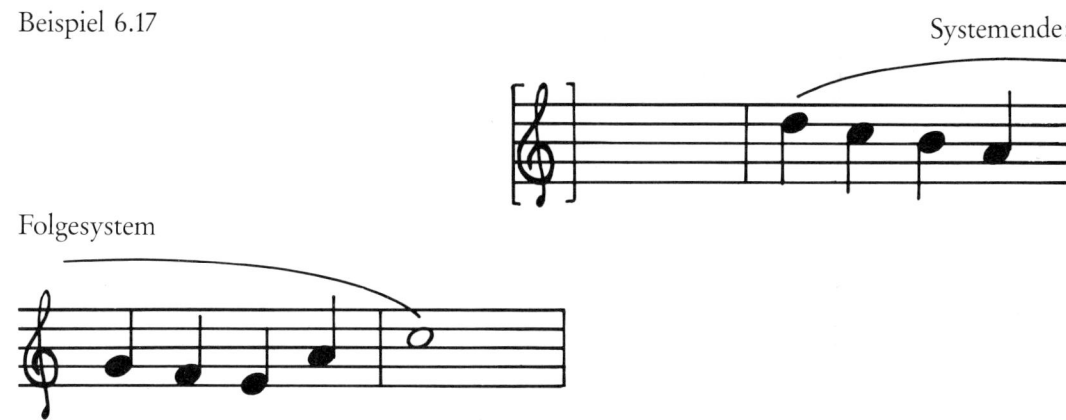

Zwei Stimmen auf geteiltem System benötigen jeweils eigene Bindebögen, oben- und untenherum geführt, wenn irgendwo eine separate Halsung auftritt, und zwar auch dann, wenn die Phrasierung in beiden Stimmen identisch ist (vgl. hierzu Beispiel 6.18).

Beispiel 6.18

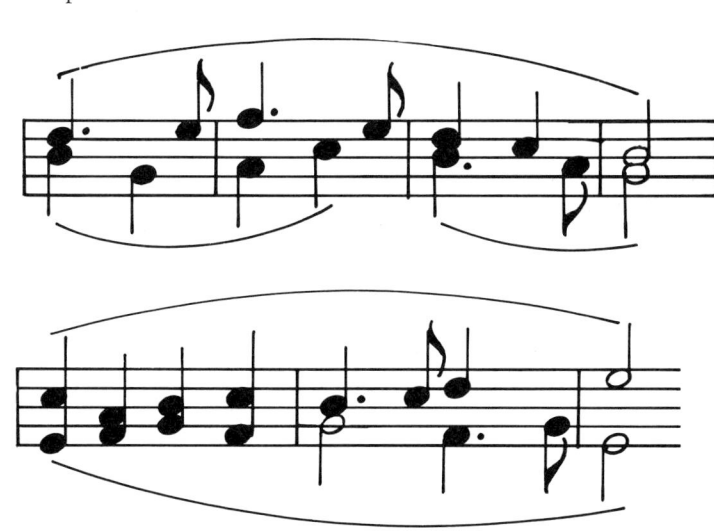

Alle Praktiken der Bogenführung sind auch auf die Bindung von Intervallen und Akkorden mit zwei und mehr Noten anwendbar, wie in Beispiel 6.19 gezeigt.

Beispiel 6.19

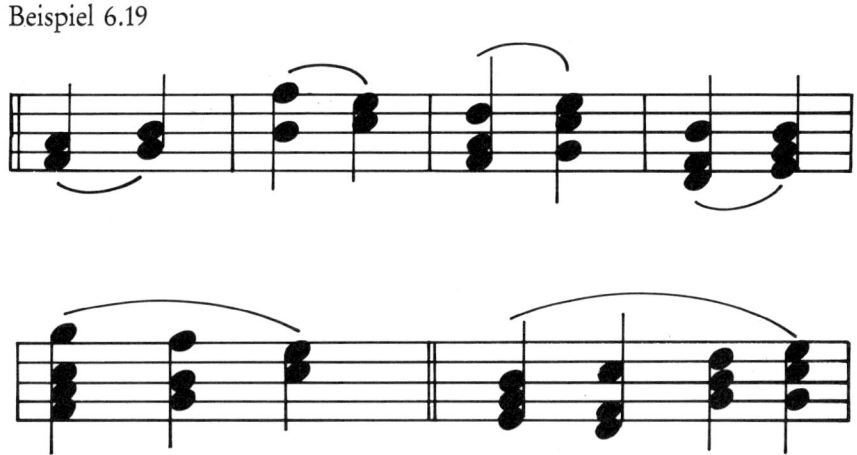

Grundsätzlich müssen bei gebundenen (ungebrochenen) Passagen und Intervallen, die mit einem Akzent beginnen und enden, die Bogenenden zwischen Notenkopf und Akzent stehen. Alle Artikulationszeichen zu Noten innerhalb einer gebundenen Passage stehen innerhalb der Bogenführung. Hierüber Näheres in Kapitel 8, doch zeigt bereits hier Beispiel 6.20 Akzente und Artikulationszeichen in Verbindung mit Bindebögen bei Notenfolgen und Intervallen.

Beispiel 6.20

Bei Notenfolgen oder Sprüngen, die aus Noten mit großen Abständen gebildet sind und bei denen die nach gebräuchlicher Praxis plazierten Akzente optisch zu weit vom Notenkopf entfernt stehen würden, müssen die Akzente so zwischen Bogenende und Notenkopf plaziert werden, wie in Beispiel 6.21 gezeigt.

Beispiel 6.21

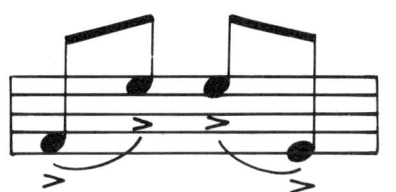 nicht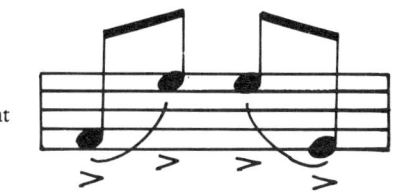

Anders als bei der Plazierung von Akzenten zu Beginn und am Ende gebundener Passagen müssen Staccato-Punkte und Tenuto-Striche in gebundenen Passagen oder Intervallen stets zwischen Notenköpfen und Bindebogen angebracht werden, und zwar während der gesamten Geltungsdauer des Bogens, wie in Beispiel 6.22 dargestellt ist.

Beispiel 6.22

7. Akzidenzien und Tonartvorzeichnungen

In der traditionellen Notation wird die Veränderung einer notierten Tonhöhe, auch »Alteration« oder »Alterierung« genannt, durch fünf Symbole angezeigt: Kreuz, Be, Doppelkreuz, Doppel-Be und Auflösungszeichen. Systematisch gruppierte Kreuze oder Be-Vorzeichen bilden die Tonartvorzeichnungen, einzelne, je nach Erfordernis stehende Zeichen heißen Akzidenzien. Alle Akzidenzien stehen stets vor dem Notenkopf, dessen Tonhöhe sie verändern.

Das Kreuz, das eine notierte Tonhöhe um einen Halbton erhöht, besteht aus zwei vertikalen parallel geführten Linien, die von zwei dickeren, ebenfalls parallel geführten Linien schräg durchschnitten werden. Die vertikalen Parallelen haben eine Länge von 2 1/2 Systemzwischenräumen, stehen einen halben Systemzwischenraum voneinander entfernt und beginnen und enden einen halben Systemzwischenraum gegeneinander versetzt. Die beiden parallelen Schräglinien haben eine Länge von zwei Systemzwischenräumen, stehen im Abstand eines halben Systemzwischenraums voneinander entfernt und beginnen und enden vertikal gleich. Die Schräglinien sollten etwas verdickt werden, damit vermieden wird, daß sie sich zwischen den Notenlinien verlieren. Die Plazierung des Kreuzes auf einer Notenlinie oder auf einem Systemzwischenraum verlangt, wie in Beispiel 7.1 dargestellt, insofern Präzision, als das Zentrum des durch die vier Linien gebildeten Parallelogramms entweder von einer Notenlinie durchschnitten werden oder einen Systemzwischenraum umschließen muß.

Beispiel 7.1

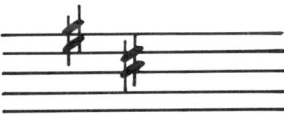

Das Be, das eine notierte Tonhöhe um einen Halbton erniedrigt, besteht aus einer vertikalen Linie in der Länge von 2 1/2 Systemzwischenräumen, an deren unterer rechter Hälfte eine in einer halben Herzform gebildete Rundung angebracht ist. Beispiel 7.2 zeigt, daß diese halbe Herzform entweder von einer Notenlinie durchschnitten werden oder einen Systemzwischenraum einschließen muß.

Beispiel 7.2

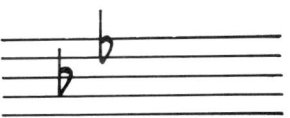

Tonartvorzeichnungen, die aus einem bis sieben Kreuzen oder Be-Vorzeichen bestehen, werden so notiert, daß die einzelnen Kreuze oder Be-Vorzeichen in einer bestimmten Reihenfolge auf Linien und Zwischenräumen des Fünfliniensystems gestellt werden. Die traditionellen Kreuz- und Be-Tonarten im G-, F-, C(Alt)- und C(Tenor)-Schlüssel, korrekt notiert, findet man in Beispiel 7.3.

Beispiel 7.3

Das Doppelkreuz, das eine notierte Tonhöhe um einen Ganzton erhöht, entspricht dem Buchstaben »X«, ist einen Systemzwischenraum-Abstand breit und hoch und steht mitten auf einer Notenlinie oder in einem Zwischenraum des Fünfliniensystems, wie in Beispiel 7.4. Beispiel 7.5 zeigt das Doppel-Be, das eine notierte Tonhöhe um einen Ganzton erniedrigt und aus zwei nebeneinandergestellten, einander berührenden Be-Zeichen besteht.

Beispiel 7.4

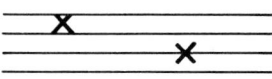

Beispiel 7.5

Das Auflösungszeichen sieht aus wie ein unvollständig gezeichnetes Kreuz und dient dazu, jedes andere Vorzeichen außer Kraft zu setzen. Wie beim Kreuz sollten auch beim Auflösungszeichen die parallelen Schräglinien etwas verdickt werden, und zwar aus denselben Gründen, sie dürfen jedoch nicht über die vertikalen Linien hinausreichen (vgl. Beispiel 7.6). Im Gegensatz zu verbreiteten unkorrek-ten Gepflogenheiten genügt zur Aufhebung eines Kreuzes, Be-Vorzeichens, Doppelkreuzes oder Doppel-Be die Setzung eines einzigen Auflösungszeichens, wie in Beispiel 7.7 gezeigt. Für die Reduzierung eines Doppelkreuzes oder Doppel-Be auf ein einzelnes Kreuz oder Be genügt die Setzung des entsprechenden Einzelvorzeichens (Beispiel 7.8).

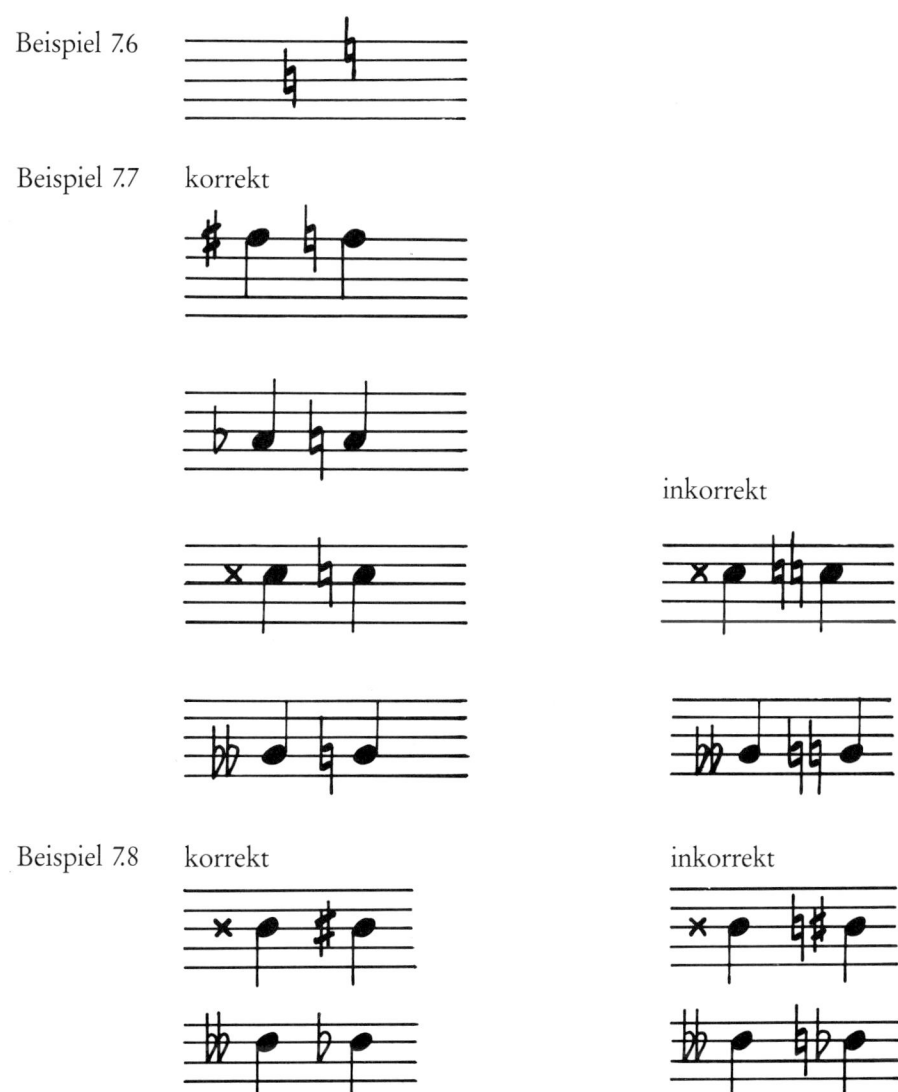

Beispiel 7.6

Beispiel 7.7   korrekt

inkorrekt

Beispiel 7.8   korrekt   inkorrekt

Grundsätzlich verändert ein Vorzeichen nur die speziell notierte Tonhöhe, bei der es steht, und nicht Tonhöhen gleichen Namens in anderen Oktaven, in anderen Schlüsseln oder auf anderen Notensystemen. Weiterhin: Vorzeichen behalten ihre Geltung für die Tonhöhe, bei der sie stehen, einen ganzen Takt über, es sei denn, sie werden durch ein anderes Vorzeichen außer Kraft gesetzt. Im allgemeinen findet man Vorzeichen auch als Erinnerungshilfen in komplexen und nicht eindeutigen Passagen und nach einem Tonartwechsel. Solche Vorzeichen werden »Warnungsakzidenzien« genannt und sind eine Hilfe für den Ausführenden (Beispiel 7.9A). Obwohl Tonhöhen gleichen Namens in anderen Oktaven von einem Vorzeichen unbetroffen bleiben, ist es doch ratsam, in solchen Fällen Warnungsakzidenzien aus Gründen der Eindeutigkeit und Akkuratesse zu setzen; ihre korrekte gebräuchliche Notation findet man in Beispiel 7.9B. Es sollte aber auch darauf hingewiesen werden, daß eine ausgiebige Verwendung von Warnungsakzidenzien in Stimmen und Partituren zu einer höchst unerwünschten Ablenkung und damit zum Gegenteil dessen führen kann, was mit solchen Hilfszeichen beabsichtigt ist.

Beispiel 7.9A

Warnungsakzidenzien

Beispiel 7.9B

Fortsetzung nächste Seite

Beispiel 7.9B *(Fortsetzung)*

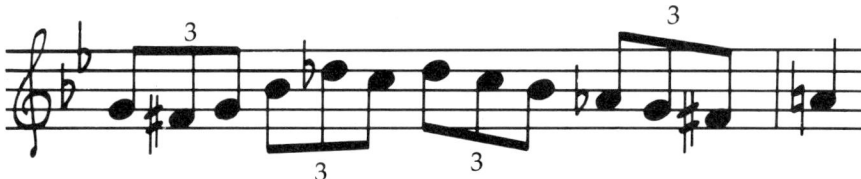

Wie in Beispiel 7.10 gezeigt, richtet sich in der traditionellen Notation die Verwendung von Vorzeichen in chromatischen Skalen nach zwei Grundprinzipien, die von der geltenden Tonartvorzeichnung relativ unabhängig sind: Bei aufsteigenden chromatischen Skalen sollten Kreuze, bei absteigenden Be-Vorzeichen verwendet werden.

Beispiel 7.10

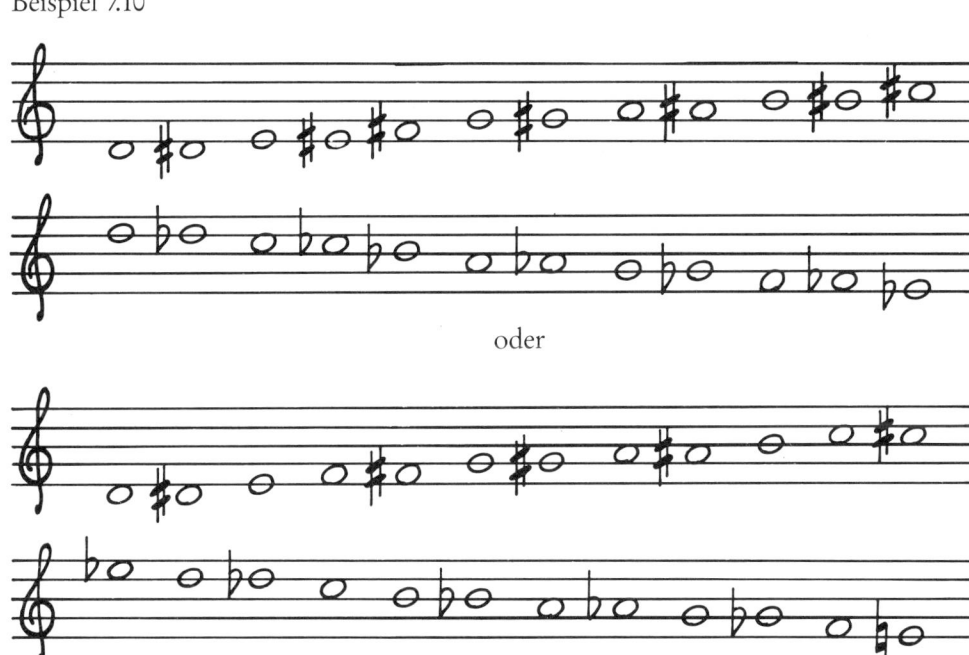

Beispiel 7.11A und B zeigt, daß bei Stimmennotation auf geteiltem System Vorzeichen ausschließlich für die betreffende Tonhöhe in der jeweiligen Stimme gelten, im Gegensatz zu Intervall- oder Akkordfolgen, die an einem Hals notiert sind.

Beispiel 7.11A

erforderliche Akzidenzien

Beispiel 7.11B

Warnungsakzidenzien

Bei auf- und absteigenden Tonfolgen, wie in Beispiel 7.12, empfiehlt sich die Wiederholung von Tonartvorzeichen (Kreuze oder Be-Vorzeichen) als Warnungsakzidenzien zur Vermeidung von Mehrdeutigkeiten.

Beispiel 7.12

Wenn eine alterierte Note vor und nach einem Schlüsselwechsel steht, muß das Vorzeichen nach dem Wechselschlüssel wiederholt werden (siehe Beispiel 7.13).

Beispiel 7.13

erforderlich

Vorzeichen vor übergebundenen Noten (Beispiel 7.14) können auf dem Folgesystem wiederholt werden, wenn der Haltebogen vom vorhergehenden System weitergeführt wird.

Beispiel 7.14

Systemende:

Folgesystem

Vorzeichen vor Noten, die innerhalb eines Systems über einen Taktstrich hinweg mit Haltebogen verbunden sind, werden nach dem Taktstrich, solange der Haltebogen gilt, nicht wiederholt. Beispiel 7.15 zeigt, daß das Vorzeichen erst dann wiederholt werden muß, wenn der zuvor alterierte Ton im neuen Takt nach dem gehaltenen Ton wiederholt wird.

Beispiel 7.15

Bei Wiederholung alterierter Töne innerhalb ein und desselben Taktes werden die Akzidenzien normalerweise nicht wiederholt. Sie sollten aber wiederholt werden, wenn nach ihrem ersten Auftreten die Komplexität der dazwischenliegenden Noten Zweifel an der Identität der geltenden Alteration aufkommen läßt. Eine Notenfolge, die die Wiederholung am Anfang gesetzter Akzidenzien als Warnungsakzidenzien verlangt, ist in Beispiel 7.16 gegeben.

Beispiel 7.16   Warnungsakzidenzien

Wenn in einer Akkolade mit mehreren Notensystemen auf einem System ein alterierter Ton erscheint, sollten in den anderen Systemen desselben Taktes zu allen gleichnamigen Tönen Warnungsakzidenzien gesetzt werden (Beispiel 7.17).

Beispiel 7.17

Akzidenzien zu beiden Noten von vertikalen zweitönigen Intervallen von der Sekunde bis zur Quinte werden von oben nach unten links diagonal angeordnet. Akzidenzien vor Sekundintervallen auf geteiltem System werden von unten nach oben links diagonal angeordnet und tragen damit der veränderten Stellung der Notenköpfe Rechnung. Wie bei der Verwendung einzelner Akzidenzien sollte auch hier der Abstand zwischen Notenkopf oder Hals und dem am nächsten stehenden Vorzeichen einen Systemzwischenraum betragen. All dies findet man in Beispiel 7.18.

Beispiel 7.18

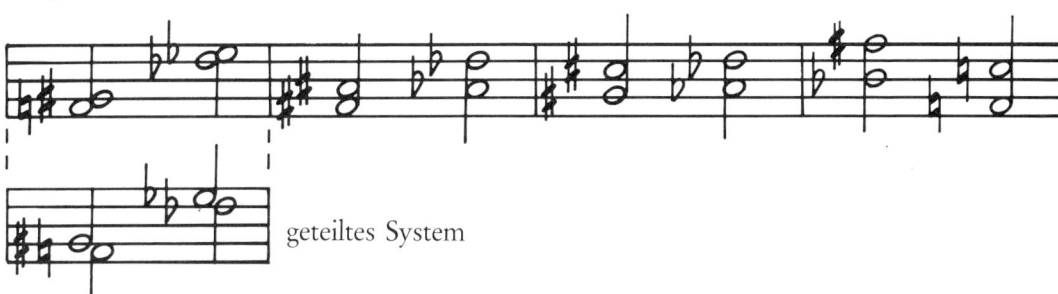

geteiltes System

Akzidenzien zu den beiden Tönen eines vertikalen Sextintervalls werden so gesetzt, wie in Beispiel 7.18 gezeigt, jedoch mit einer Ausnahme: Wenn der oberen Note der Sexte ein Be vorgezeichnet ist, werden die beiden Vorzeichen lotrecht angebracht, weil das Be das darunter stehende Vorzeichen nicht berühren kann. Beispiel 7.19 zeigt die Plazierung von zwei Akzidenzien bei Sextintervallen.

Beispiel 7.19   lotrechte Anordnung

Akzidenzien zu beiden Noten von vertikalen Septen und größeren zweitönigen Intervallen werden stets lotrecht gesetzt (Beispiel 7.20).

Beispiel 7.20

Bei dreitönigen Akkordkombinationen ohne Sekunden mit drei Vorzeichen muß das mittlere Vorzeichen links vom untersten Vorzeichen (also als zweites vom rechten Vorzeichen) plaziert werden, wenn der Intervallabstand zwischen höchstem und niedrigstem Ton eine Sexte und weniger beträgt. Wenn aber höchster und niedrigster Ton eine Sexte bilden und vor dem höchsten Ton ein Be vorgezeichnet ist, werden oberstes und unterstes Vorzeichen lotrecht angebracht und das mittlere links davon, wie in Beispiel 7.21.

Beispiel 7.21 lotrechte Anordnung

Dreitönige Akkorde ohne Sekunden mit drei Vorzeichen und Außentönen mit einem Intervallabstand von einer Septe und mehr, vom mittleren Ton aus gerechnet, verlangen eine vertikale Anordnung aller Vorzeichen. Wenn einer der Außentöne weniger als einen Septabstand vom mittleren Ton entfernt ist, werden die Vorzeichen der Außentöne vertikal untereinander angebracht und das des mittleren Tones unmittelbar links daneben. Beispiel 7.22 zeigt diese Verfahrensweisen.

Beispiel 7.22

Bei abwärts gehalsten dreitönigen Akkorden mit drei Vorzeichen, bestehend aus je einem Sekundintervall und einer unterhalb der Sekunde befindlichen Note im Intervallabstand von einer Terz bis zu einer Quinte zur obersten Note, werden die Vorzeichen von rechts nach links angeordnet, in der Reihenfolge oberste Note – unterste Note – mittlere Note. Bei derartigen aufwärts gehalsten Akkorden, in denen die Note oberhalb der Sekunde im Intervallabstand zur tiefsten Note von der Terz bis zur Quinte steht, werden die Vorzeichen von rechts nach links in der Reihenfolge mittlere Note – oberste Note – unterste Note gesetzt. Diese Praktiken sind in Beispiel 7.23A und B dargestellt.

Beispiel 7.23A

Beispiel 7.23B

Bei abwärts oder aufwärts gehalsten dreitönigen Akkorden mit drei Vorzeichen und mit einer Note unterhalb eines Sekundintervalls im Abstand einer Sexte zur obersten Note, der ihrerseits ein Kreuz oder Auflösungszeichen vorgezeichnet ist, werden die Vorzeichen ähnlich angeordnet, wie in Beispiel 7.23A gezeigt, hier nochmals verdeutlicht in Beispiel 7.24.

Beispiel 7.24

Abwärts gehalste dreitönige Akkorde mit drei Vorzeichen und einer Note oberhalb eines Sekundintervalls in einem Abstand zur untersten Note von einer Quart bis zu einer Sexte (Beispiel 7.25) haben folgende Vorzeichenanordnung (von rechts nach links): oberste Note – mittlere Note – unterste Note.

Beispiel 7.25

Abwärts oder aufwärts gehalste dreitönige Akkorde mit drei Vorzeichen und einer Note ober- oder unterhalb eines Sekundintervalls im Abstand einer Septe oder mehr sowie einer

Sexte mit Be-Vorzeichen tragen lotrecht angeordnete Vorzeichen zur obersten und untersten Note und links davon das zur mittleren (vgl. Beispiel 7.26).

Beispiel 7.26

Akkordkombinationen mit vier und mehr Vorzeichen sind der Anzahl nach zu mannigfaltig, als daß sie die Formulierung fester Regeln für folgerichtige Plazierung von Akzidenzien zuließen. Als Grundregel kann gelten, daß oberstes und unterstes Vorzeichen möglichst vertikal angeordnet sein sollten, wäh-

rend die übrigen vom zweithöchsten Ton an links der Vertikalen auf einer nach links unten verlaufenden Diagonalen angebracht werden können. Beispiel 7.27 zeigt die empfohlene Plazierung von vier und mehr Akzidenzien bei Akkordkombinationen von vier und mehr Tönen.

Beispiel 7.27

Die Tonartvorzeichnung steht immer zu Beginn eines jeden Notensystems unmittelbar nach dem Schlüssel. Das erste Kreuz oder Be der Vorzeichnung sollte nicht weniger als im Abstand eines Systemzwischenraums vom Schlüssel entfernt stehen. Ein Wechsel der

Tonartvorzeichnung kann an jeder Stelle innerhalb eines Systems vorgenommen werden, doch muß ihm – mit einer Ausnahme – stets ein Doppeltaktstrich vorangehen. Vor einem Tonartwechsel zu Beginn eines neuen Systems steht kein Doppeltaktstrich, doch wird der

Wechsel bereits am Ende des vorherigen Systems notiert. Weil dieser Warnungsnotation des Tonartwechsels ein Doppelstrich vorangehen muß, wird das System nach hinten offengelassen. Die Notation des Wechsels von Tonartvorzeichnungen ist in Beispiel 7.28 dargestellt.

Beispiel 7.28

Systemende:

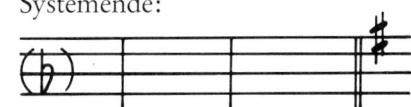

Folgesystem

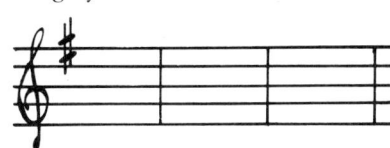

Wechsel der Tonartvorzeichnung verlangt weder eine Wiederholung des Schlüssels (außer, wenn Tonart- und Schlüsselwechsel zusammenfallen) noch die Aufhebung der früheren Tonartvorzeichnung mittels Auflösungszeichen. Wenn die geltende Tonartvorzeichnung mehrere Kreuze oder Be-Vorzeichen verlangt und ihr die Tonart C-dur oder a-moll folgt, so müssen die alten Vorzeichen nach einem Doppelstrich durch entsprechend plazierte Auflösungszeichen aufgehoben werden, wie in Beispiel 7.29 und 7.29A.

Beispiel 7.29

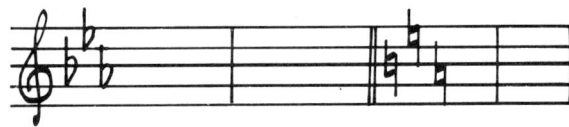

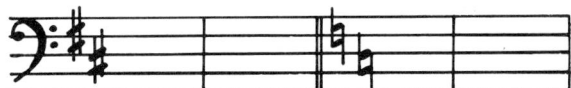

97

Beispiel 7.29A   Systemende:

Folgesystem

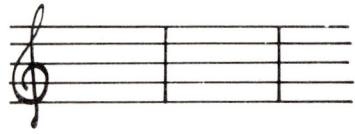

Beispiel 7.30 zeigt allgemein verbreitete, heute jedoch weitgehend als überholt geltende Notationen von Tonartwechseln.

Beispiel 7.30

Systemende:

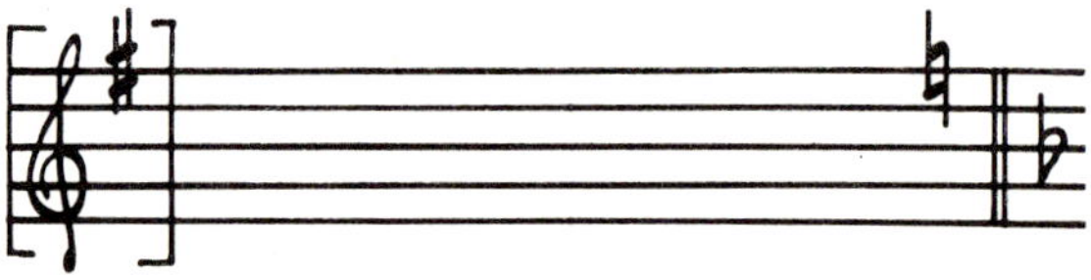

8. Artikulationszeichen und sonstige Bezeichnungen

Artikulationszeichen können oberhalb und/oder unterhalb von Notenköpfen oder Hälsen angebracht werden, und zwar sowohl einzeln als auch in Kombination oder zusammen mit Halte- und Bindebögen. Beispiel 8.1 gibt eine Liste mit Erklärungen zu sieben allgemein verstandenen und verwendeten Artikulationszeichen.

Beispiel 8.1

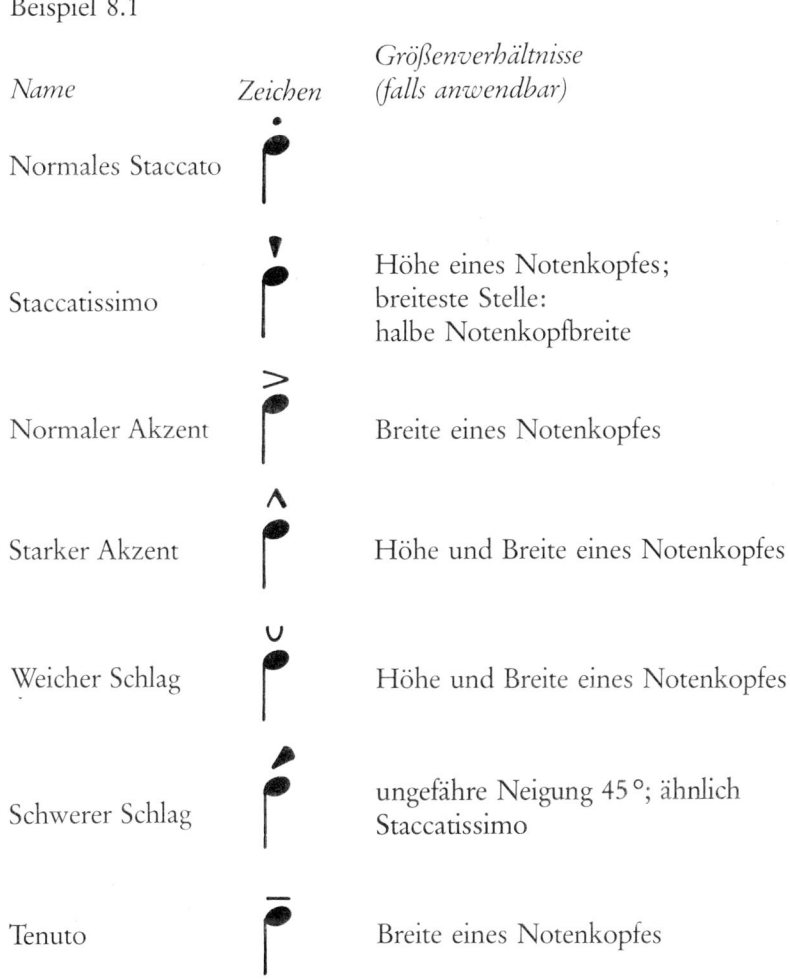

Name	Zeichen	*Größenverhältnisse (falls anwendbar)*
Normales Staccato		
Staccatissimo		Höhe eines Notenkopfes; breiteste Stelle: halbe Notenkopfbreite
Normaler Akzent		Breite eines Notenkopfes
Starker Akzent		Höhe und Breite eines Notenkopfes
Weicher Schlag		Höhe und Breite eines Notenkopfes
Schwerer Schlag		ungefähre Neigung 45°; ähnlich Staccatissimo
Tenuto		Breite eines Notenkopfes

Artikulationszeichen, die prinzipiell außerhalb des Fünfliniensystems stehen, sind der »weiche Schlag« (∪), der »schwere Schlag« (➤), das »Staccatissimo« (▼) und der »starke Akzent« (∧). Aus Beispiel 8.2 wird ersichtlich, daß bei einzelner Plazierung dieser Artikulationszeichen der Abstand oberhalb oder unterhalb der Notenköpfe nicht weniger als eine Terz betragen darf. Die in runden Klammern gesetzten alternativen Plazierungen dieser Zeichen kann man dann verwenden, wenn eine zu große Dichte der Gesamtnotation normale Plazierung nicht erlaubt.

Beispiel 8.2

Das normale Akzentzeichen (>) steht gewöhnlich oberhalb oder unterhalb von Notenköpfen oder Hälsen außerhalb des Systems, es kann aber auch mit in das System hineingenommen werden, wenn eine Plazierung außerhalb sich als unpraktisch oder weniger effektiv erweist. In solchen Fällen setzt man den Akzent in die Mitte eines Systemzwischenraums, und zwar in einem Quartabstand zu einem auf einer Notenlinie stehenden

Notenkopf und im Quintabstand zu einem Notenkopf in einem Zwischenraum. Normale Akzente, die innerhalb eines Notensystems an Halsenden stehen, etwa bei auseinandergehaltenen Noten, werden in der Mitte eines Systemzwischenraums und mindestens einen Terzabstand vom Notenhals entfernt angebracht. Beispiel 8.3 zeigt die Plazierung normaler Akzentzeichen ober- und unterhalb sowie innerhalb des Fünfliniensystems.

Beispiel 8.3

Tenuto-Striche (−) und Staccato-Punkte (·) stehen, wenn sie jeweils einzeln verwendet werden, ober- oder unterhalb von Notenköpfen oder am Halsende außer- oder innerhalb des Fünfliniensystems. Innerhalb des Systems sollten sie auf Zwischenraummitte, niemals auf einer Notenlinie notiert werden. Beide Zeichen werden im Abstand eines Systemzwischenraums von Notenköpfen in Zwischenräumen und im Abstand von 1 1/2 Systemzwischenräumen von Notenköpfen auf Linien notiert. Wenn beide Zeichen kombiniert werden, wird der Staccato-Punkt so plaziert wie zuvor beschrieben und der Tenuto-Strich einen weiteren Zwischenraumabstand vom Staccato-Punkt entfernt.

Die Plazierung sowohl des Staccato-Punktes als auch des Tenuto-Strichs am Halsende, und zwar jeweils einzeln oder in Kombination, gleicht der Plazierung am Notenkopf insofern, als jedes der beiden Zeichen auf die Mitte des Notenkopfes ausgerichtet ist und einen Terz- oder Quartabstand vom Halsende entfernt steht. Beispiel 8.4 zeigt die Plazierung von Staccato-Punkten und Tenuto-Strichen einzeln und in Kombination, und aus Beispiel 8.4A geht hervor, daß die Stellung entsprechender Artikulationszeichen zu Ganzennoten sich nach einer imaginären Halsung richtet.

Beispiel 8.4

Tenuto-Strich

Staccato-Punkt

oder

Beispiel 8.4A

In der traditionellen Notation werden alle dynamischen Bezeichnungen und entsprechende Abkürzungen bei Instrumentalmusik grundsätzlich unterhalb, bei Vokalmusik grundsätzlich oberhalb des Liniensystems notiert. In Partituren und Einzelstimmen von Instrumentalmusik müssen die dynamischen Bezeichnungen präzise unterhalb der ersten davon betroffenen Note gesetzt werden, während diese Bezeichnungen in Vokalpartituren und Singstimmen entsprechend über dem System stehen müssen. Dynamische Bezeichnungen werden nur selten in das System hineinnotiert oder so, daß sie eine Notenlinie berühren (vgl. Beispiel 8.5).

Beispiel 8.5

Instrumental

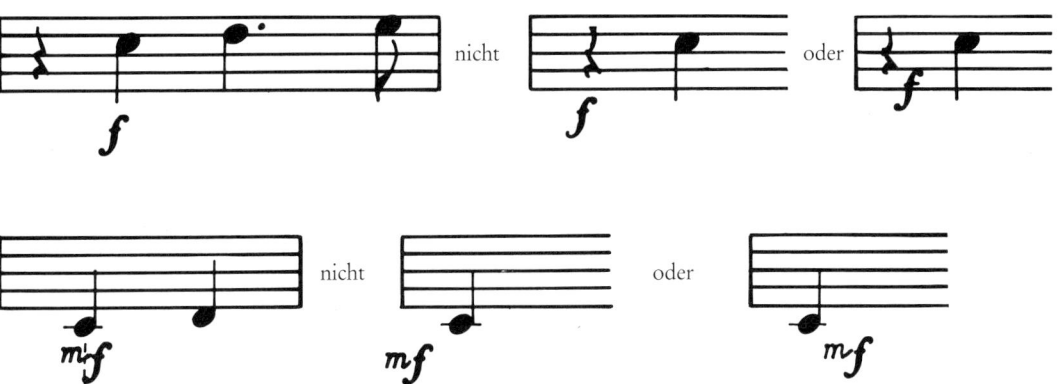

Fortsetzung nächste Seite

Beispiel 8.5 *(Fortsetzung)*

Vokal

Dynamische Zeichen wie die, die in Beispiel 8.5 dargestellt sind, werden symmetrisch so nahe zu den betroffenen Passagen plaziert, wie allgemeine notationstechnische Überlegungen und der vorhandene Raum es zulassen. Nur in seltenen Ausnahmefällen können sie auch in einem leichten schrägen Winkel notiert werden (Beispiel 8.6).

Beispiel 8.6

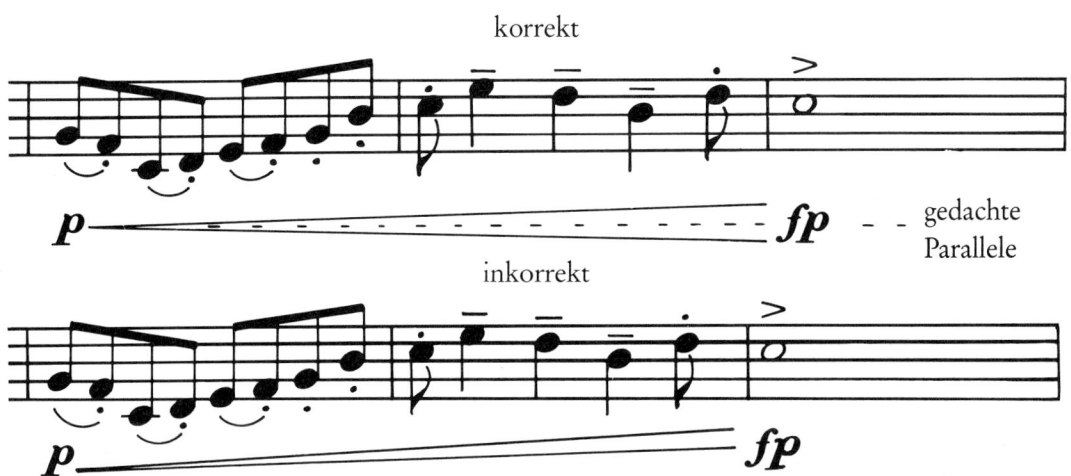

Über die in den Beispielen 8.5 und 8.6 gezeigten Grundregeln hinaus gibt es tausendfache Möglichkeiten in der Notation dynamischer Zeichen, so daß die Formulierung fester Regeln sich dabei als unpraktisch erweist. Beispiel 8.7 gibt eine Liste von Grundregeln, nach denen man sich bei der Plazierung dynamischer Zeichen richten sollte.

Beispiel 8.7

Instrumentalmusik

Notensystem	*Plazierung*
Einzelsysteme bei Partituren und Stimmen	Unterhalb des Systems
Geteilte Einzelsysteme und separate Halsung	Halsende
Mehrere Systeme, z. B. Klaviernotation	Zwischen den Systemen, doch erlaubt Platzmangel auch eine Plazierung ober- und unterhalb
Mehrfachsysteme, z. B. Orgelnotation	Zwischen den Manualsystemen, bei Platzmangel wie bei Klaviernotation
	Unterhalb des Pedalsystems
Partituren, wie für Blaskapellen, Bläserensembles, volles Orchester	Wie oben bei Einzelsystemen

Fortsetzung nächste Seite

Beispiel 8.7 *(Fortsetzung)*

Vokalmusik

Notensystem	*Plazierung*
Einzelne und geteilte Systeme einschließlich separater Halsung	Oberhalb des Systems (weil alle Gesangstexte unter dem System stehen)
Reduzierung auf zwei Systeme	Ober- oder unterhalb, mit Gesangstext in der Mitte
Klavierbegleitung	Wie oben bei Klaviernotation

Die Notation von drei oder mehreren polyphonen Stimmen auf einem einzigen System ist unpraktisch und sollte vermieden werden.

Primäre Tempobezeichnungen wie *allegro, andante, moderato* usw. sollten in Großbuchstaben geschrieben und sowohl bei Instrumentalmusik als auch bei Vokalmusik oberhalb des Notensystems notiert werden. Auf einer Orchesterpartitur-Seite müssen die primären Tempobezeichnungen oberhalb der Gruppe der Blas- und Perkussionsinstrumente und oberhalb der Streicher stehen, entsprechend werden sie in Bläserpartituren oberhalb der Holz- und der Blechbläser angebracht. Primäre Tempobezeichnungen in Klavierauszügen und Chorpartituren befinden sich oberhalb der Singstimmen-Systeme und des Systems für das Begleit-(Tasten-)Instrument. Metronomangaben können unmittelbar nach der primären Tempobezeichnung stehen und brauchen nicht in runde Klammern gesetzt zu werden, es sei denn, es handelt sich dabei um Tempovorschläge, nicht um strikt geforderte Tempi. Beispiel 8.8A zeigt solche Metronomangaben als Zusätze zu primären Tempobezeichnungen, und in Beispiel 8.8B findet man solche, die bei Tempowechsel zwischen größeren Abschnitten angebracht sind.

Beispiel 8.8A

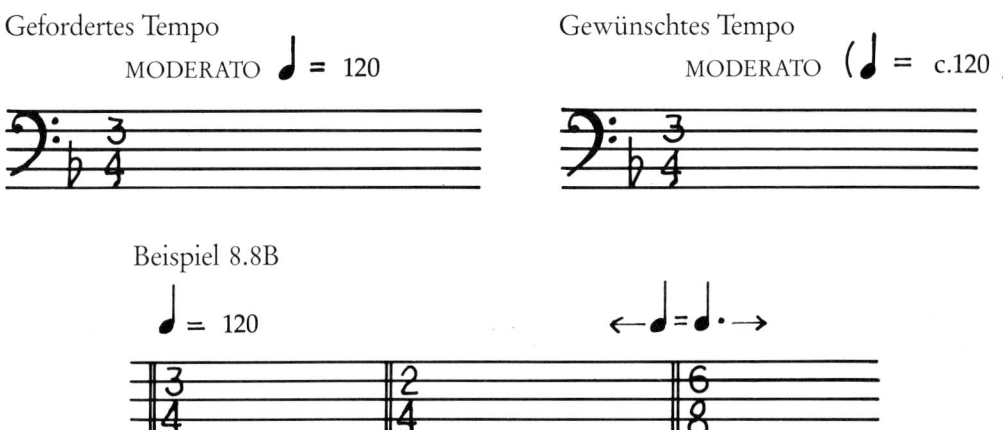

Gefordertes Tempo
MODERATO ♩ = 120

Gewünschtes Tempo
MODERATO (♩ = c.120)

Beispiel 8.8B

♩ = 120

← ♩ = ♩ . →

Bezeichnungen für Tempomodifikationen wie *ritardando* (*rit.* oder *ritard.*), *accellerando* (*accel.*), *rallentando* (*rall.* oder *rallen.*) und andere sollten in allen Gattungen über den Systemen stehen. Oftmals, vor allem bei Orchester- und Chorpartituren, fordert der geringe Raum zwischen den Einzelsystemen eine systematisch zusammenfassende Plazierung von Hinweisen zur Tempomodifikation zu zusammengehörigen Gruppen von Stimmen. Während die Anweisungen in der Klaviernotation normalerweise zwischen den Systemen stehen, erlaubt Platzmangel für Hinweise zur Tempomodifikation auch eine Plazierung oberhalb des oberen Systems.

Ausführungshinweise wie *sempre, subito* (*sub.*), *marcato* (*marc.*) etc. sind dynamischen Angaben verwandt und werden dementsprechend plaziert. Ausdrucksbezeichnungen wie *affettuoso* und *leggiero* und technische Angaben wie *pizzicato* (*pizz.*), *arco, divisi* (*div.*), *solo, soli,* Hinweise zur Dämpferbenutzung oder Wechsel von Instrumenten und anderes haben dagegen mit Dynamik nichts zu tun und werden vorzugsweise über dem System angebracht.

Die Fermate (⌢) verlängert Klänge und Pausen über den jeweils geltenden Wert des Symbols hinaus, zu dem sie steht. Außer bei auseinander gehaltenen Stimmen auf geteiltem System steht sie immer über dem System, niemals innerhalb oder in Berührung mit ihm. Die Bogenenden sollten im Abstand einer Hilfslinie auseinander liegen und die Bogenhöhe etwa einen Terzabstand betragen. Der Punkt steht mitten zwischen den Bogenenden und einen Terzabstand oberhalb des Systems oder oberhalb eines der folgenden Zeichen, die sich über dem System befinden können: Notenkopf, Halsende, Ende von Halte- oder Bindebogen und Artikulationszeichen. Innerhalb des Geltungsbereichs eines Bindebogens sollte die Fermate unterhalb der Bogenführung angebracht werden. Beispiel 8.9A illustriert korrekte Plazierungen von Fermaten in einer Vielzahl von Verwendungsarten, und Beispiel 8.9B zeigt, daß Fermaten auf dem Kopf stehend unterhalb des Systems angebracht werden, wenn sie bei auseinander gehaltenen Stimmen auf geteiltem System auftauchen.

Beispiel 8.9A

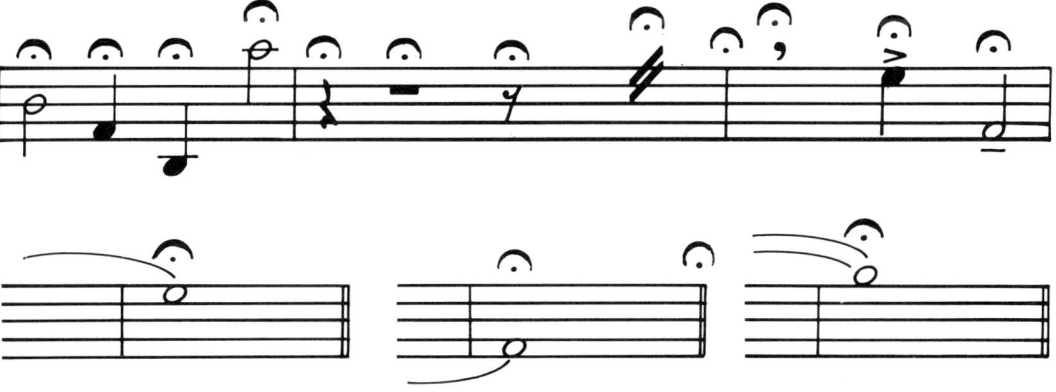

Fortsetzung nächste Seite

Beispiel 8.9A *(Fortsetzung)*

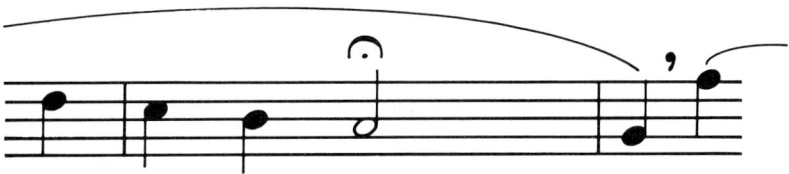

Beispiel 8.9B

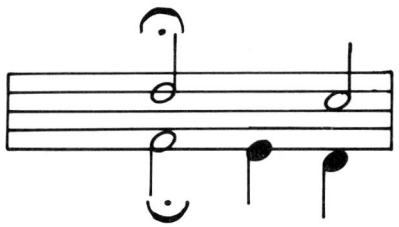

Das Komma (**,**) und das Zäsurzeichen (**ϟ**) gehören der Sache nach zu den Pausen und dienen dazu, einen Klang oder den taktmäßig geordneten musikalischen Zeitfluß zu unterbrechen. Das Komma steht normalerweise oberhalb des Systems, während das Zäsurzeichen üblicherweise die beiden obersten Linien des Notensystems durchschneidet, wie in Beispiel 8.10 gezeigt.

Beispiel 8.10

Vorschlagsnoten werden stets in halber Größe der Normalnotation geschrieben und – mit Ausnahme bei Notation auf geteiltem System – stets aufwärts gehalst, unabhängig von der Stellung innerhalb des Notensystems. Einzelne Vorschlagsnoten werden als 8tel-Noten notiert, zwei oder drei und mehr aufeinanderfolgende als verbalkte 16tel- bzw. 32stel-Noten. Einzelne Vorschlagsnoten haben ein diagonal aufwärts geführtes Strichlein durch Hals und Fähnchen. Ein ähnliches Strichlein durchschneidet bei verbalkten Vorschlagsnoten die linke Ecke der Verbindung von Hals und Balken. Vorschlagsnoten in Stimmen auf geteiltem System werden in dieselbe Richtung gehalst wie die Stimme, zu der sie gehören. Beispiel 8.11 zeigt einzelne, doppelte und mehrere Vorschlagsnoten auf einzelnem und geteiltem System.

Beispiel 8.11

Einzelsysteme

Geteilte Systeme

Sogenannte »Stichnoten« in Instrumentalstimmen haben stets die halbe Größe der Normalnotation. Stichnoten, die im wesentlichen oberhalb der Mittellinie des Notensystems liegen, werden ausschließlich nach oben gehalst, die darunter liegenden ausschließlich nach unten. Alle Stichnoten müssen in der normalen oder transponierten Tonhöhe des Instruments, zu dem sie gehören, notiert werden. Stichnoten, die aus Stimmen von Perkussionsinstrumenten mit unbestimmter Tonhöhe übernommen werden, sollten oberhalb des Systems ebenfalls in unbestimmter Tonhöhe notiert werden. Notationen von Stichnoten mit bestimmter und unbestimmter Tonhöhe findet man in Beispiel 8.12.

Beispiel 8.12

Bestimmte Tonhöhe

Fortsetzung nächste Seite

109

Beispiel 8.12 *(Fortsetzung)*

Unbestimmte Tonhöhe

Triller werden normalerweise so notiert, daß das Abkürzungszeichen »*tr*« direkt über die Hauptnote (Kopf oder Hals), auf der der Triller basiert, gestellt wird. Wenn ein Triller länger als eine Zählzeit innerhalb der geltenden Taktvorzeichnung dauert, sollte dem tr-Zeichen eine Wellenlinie, eine sogenannte »Trillerschlange«, folgen. Trillernoten in der Länge einer Zählzeit benötigen keine Trillerschlange, es sei denn, es folgt ihnen eine Pause.

In diesen Fällen und in solchen, in denen der Triller länger als eine Zählzeit dauert, muß sich die Trillerschlange über die Gesamtdauer des Trillers erstrecken und am präzisen Endpunkt einen kurzen vertikalen Abstrich haben: bei einer Pause, einer Note oder einem Taktstrich. Die Verwendung des tr-Zeichens, einzeln und in Kombination mit der Trillerschlange, ist in Beispiel 8.13 wiedergegeben.

Beispiel 8.13

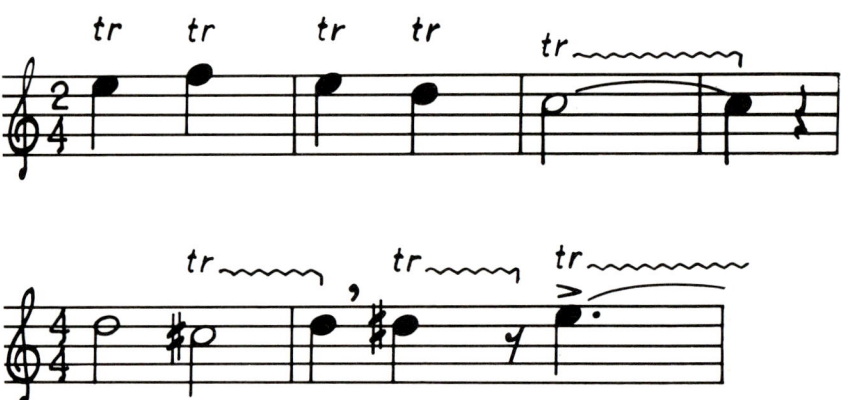

Legatobindung von einzelnen aufeinanderfolgenden Trillernoten kann so notiert werden, daß man zur ersten Trillernote ein tr-Zeichen setzt und eine Trillerschlange von dort über alle folgenden Trillernoten setzt. Die Trillerschlange muß am Endpunkt der Trillerpassage einen kurzen vertikalen Abstrich haben. Vgl. hierzu Beispiel 8.14.

Beispiel 8.14

Im traditionellen Verständnis nimmt die Hauptnote den tieferen der beiden Trillertöne ein. Falls nicht anders angegeben, ist die obere der beiden trillernden Noten entweder durch die geltende Tonartvorzeichnung diatonisch festgelegt, oder sie trillert in Stücken ohne Tonartvorzeichnung so, als gelte C-dur. Alterierte obere Trillernoten können durch ein entsprechendes Vorzeichen über dem tr-Zeichen angezeigt werden oder durch eine schwarze Note ohne Hals in Stichnotengröße mit der alterierten Tonhöhe, die direkt im Anschluß an die Hauptnote in runde Klammern gesetzt wird, wie in Beispiel 8.15.

Beispiel 8.15

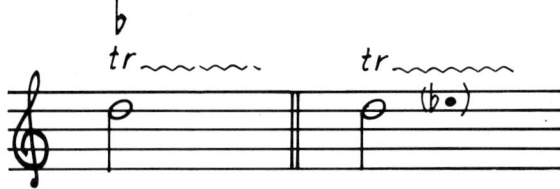

Die obere Note eines Trillers kann als Vorschlagsnote zur Hauptnote notiert werden, wenn der Triller auf dieser Tonhöhe beginnen soll (Beispiel 8.16). Wenn ein Triller mit zwei oder mehreren Eröffnungsnoten beginnen soll, werden diese als verbalkte Vorschlagsnoten zur Hauptnote notiert (Beispiel 8.17).

Beispiel 8.16

Beispiel 8.17

Kleine Noten in Stichnotengröße können als Überleitung zu einer nachfolgenden Note oder zur Beendigung eines Trillers mit nachfolgender Pause eingesetzt werden. Wenn dem Triller eine Pause folgt, sollten die kleinen Noten mit der Hauptnote durch einen Bogen verbunden werden; wenn sie einen Triller beenden und zur Folgenote überleiten, sollten sie mit dieser Note verbunden werden. Beispiel 8.18 zeigt diese Notationsart.

Beispiel 8.18

Tremoli können in zwei Grundarten auftreten: als metrisch exakte oder freie Repetition eines Tones, Intervalls oder Akkords; als »Triller-Tremolo«, also als metrisch exakter oder freier rascher Tonhöhenwechsel zwischen zwei Noten im Abstand von mehr als einem Ganzton.

Metrisch exakte Repetitionen eines Tones, Intervalls oder Akkords können in Form von schrägen Querbalken durch den Notenhals oder einen gedachten Notenhals notationsmäßig dargestellt werden. Die Länge der in einem halben Systemzwischenraum-Abstand voneinander stehenden Schrägbalken sollte die Länge eines Notenkopfdurchmessers haben; sie sind, unabhängig von der Halsrichtung oder der Plazierung von 8tel- oder 16tel-Balken, stets aufwärts gewinkelt und stehen in der Mitte zwischen Notenkopf und Halsende. Bei drei oder mehr Schrägbalken müssen die Hälse einzeln stehender Noten verlängert werden, während bei verbalkten Noten bereits z w e i oder mehr Schrägbalken eine Verlängerung der Hälse erfordern. Das Notenzeichen selbst gibt die Gesamtlänge des Tremolos an, die akkumulativ definierte Zahl der Querbalken die jeweilige Länge des repetierenden Einzeltons, Intervalls oder Akkords, wie in Beispiel 8.19.

Beispiel 8.19

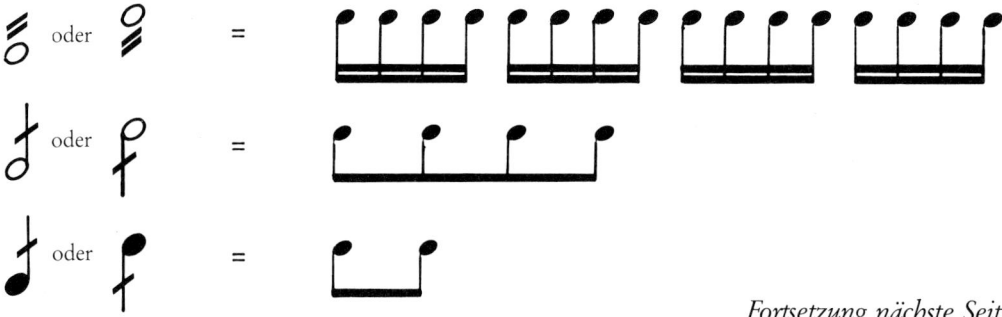

Fortsetzung nächste Seite

Beispiel 8.19 *(Fortsetzung)*

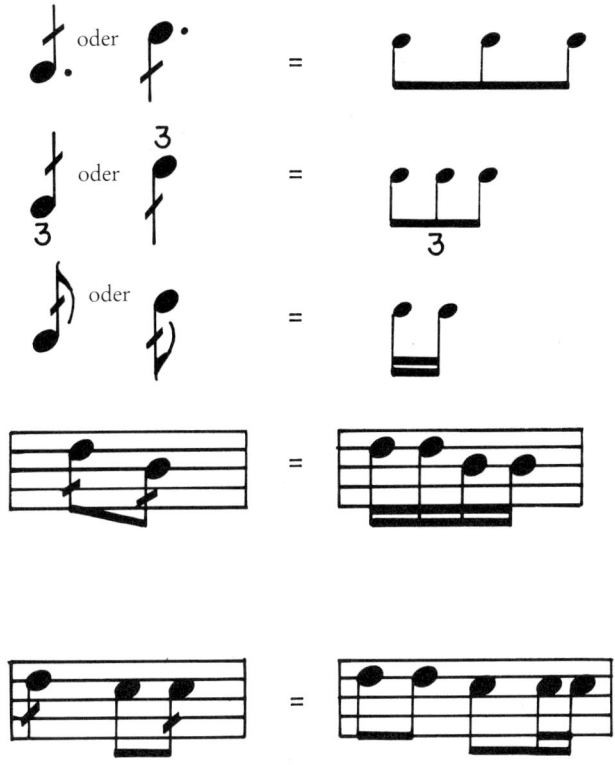

Gestrichelte Haltebögen verbinden Tremoli innerhalb eines Taktes oder über einen Taktstrich hinweg (Beispiel 8.20). Alle bereits diskutierten Arten der Verwendung von Haltebögen sind auch auf die gestrichelten Haltebögen bei Tremoli anwendbar.

Beispiel 8.20

Die Notationsweisen für metrisch exakte Tremoli können auch auf das freie Tremolo angewandt werden. In schnellen Tempi zeigen zwei Schrägbalken ein rasches Tremolo an, in langsamen Tempi vier Schrägbalken (Beispiel 8.21).

Beispiel 8.21

Das Triller-Tremolo wird scheinbar inkonsequent notiert, weil das Notenzeichen, das die Gesamtlänge des Tremolos angibt, zweimal vorkommt, mit zwei Tremolo-Schrägbalken dazwischen. Zum Beispiel: Zwei Ganzenoten mit zwei Tremolo-Schrägbalken mitten zwischen den Notenköpfen bedeuten, daß die Länge des Tremolos dem Wert einer Ganzennote entspricht; oder: zwei 4tel-Noten mit zwei Tremolo-Schrägbalken dazwischen bedeuten, daß die Länge des Tremolos dem Wert einer 4tel-Note entspricht. Bei Halbennoten wird das Tremolo insofern etwas anders notiert, als die beiden Halbennoten (oder punktierten Halbennoten) durch einen einzelnen Balken miteinander verbunden werden und die Tremolo-Schrägbalken zwischen den Notenköpfen und diesem Verbindungsbalken stehen. Dieser Verbindungsbalken ist ohne Einfluß auf den Grundwert der Halbennote. Während bei Ganzennoten – wie schon gesagt – die beiden Tremolo-Balken auf Mitte zwischen den beiden Notenköpfen notiert werden, werden Tremoli bei 4tel-Noten und allen anderen verbalkten Noten »normal« notiert, das heißt: 4tel-Noten werden nicht durch einen Balken miteinander verbunden, 8tel-Noten haben einen, 16tel-Noten zwei Balken usw., und die Tremolo-Schrägbalken stehen zwischen den Halsenden bzw. den 8tel-, 16tel-Balken (etc.) und den Notenköpfen. Beispiel 8.22 zeigt die Notation von Triller-Tremoli.

Beispiel 8.22

Gesamtdauer

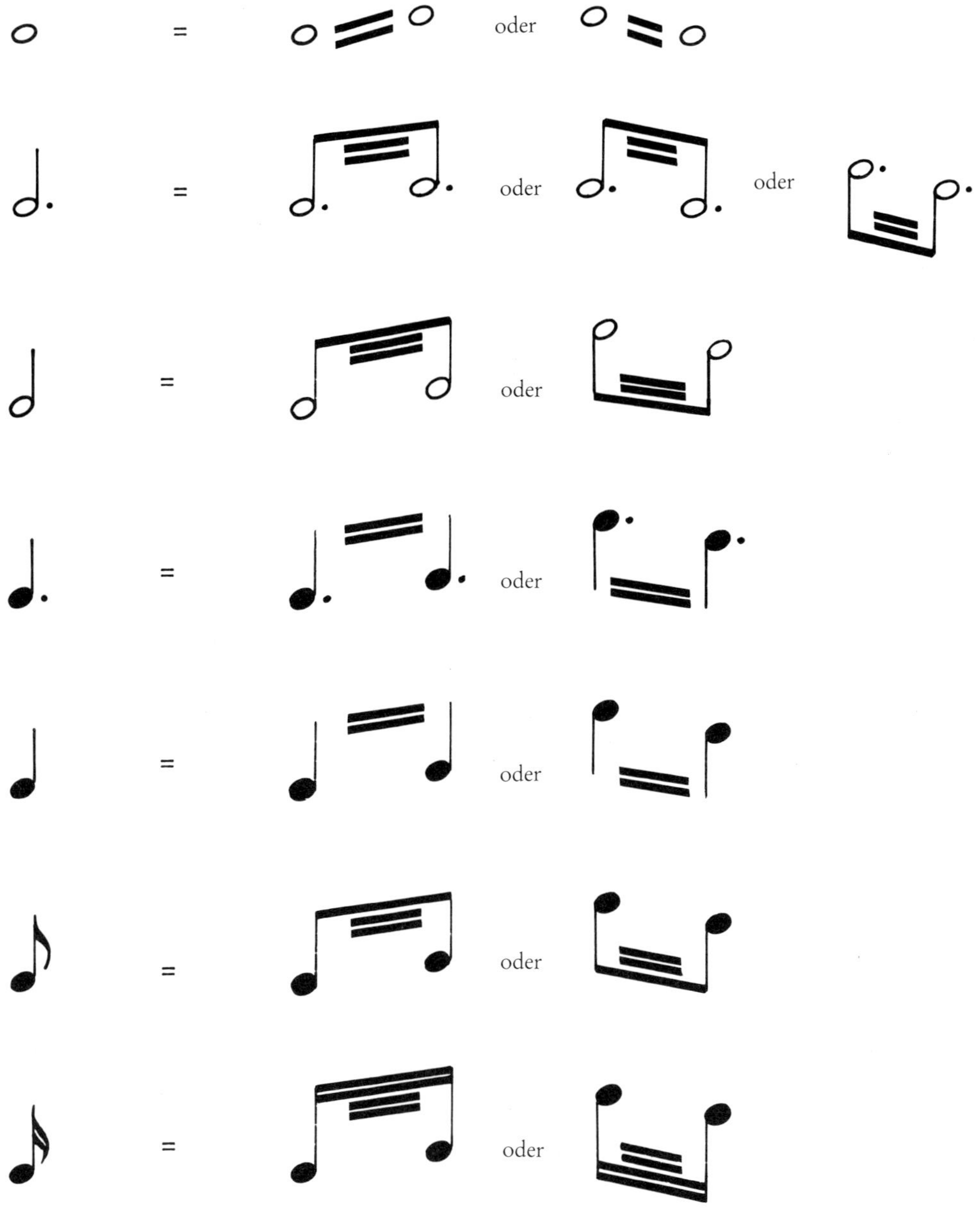

Literaturverzeichnis

Ahlstrom, David, The Notation Trap: Do Symbols Rule the Composer? in: Music Educator's Journal 57 (Mai 1957), S. 46–47

Bartolozzi, Bruno, Proposals for Changes in Musical Notation, Translation by Brooks Shepard, in: Journal of Music Theory 5, Nr. 2 (1961), S. 297–301

Benward, Bruce, Music in Theory and Practice, 2 Bde, Iowa 1982

Boehm, Laszlo, Modern Music Notation, New York 1961

Brown, Earle, Notational Problems, in: American Society of University Composers: Proceedings 5 (1970), S. 8–14

Bussler, Ludwig, Elements of Notation and Harmony, New York 1907

Cope, David, New Music Notation, Dubuque 1976

Donato, Anthony, Preparing Music Manuscripts, Englewood Cliffs, N. J. 1963

Forte, Allen, Tonal Harmony in Concept and Practice, New York 1974

Gray, Norman, A Note on Music Engraving and Printing, London 1952

Artikel »Notation« in: The New Grove Dictionary of Music and Musicians, London 1980

Hauser, Arlin C., Modern Music Notation, La Crescenta 1948

Hindemith, Paul, Elementary Training for Musicians, New York 1949

Lester, Joel, Harmony in Tonal Music, 2 Bde, New York 1982

McHose, Allen I., The Contrapuntal Harmonic Technique of the 18th Century, New York 1947

Murphy, H. A., und E. J. Stringham, Creative Harmony and Musicianship, Englewood Cliffs, N. J. 1951

O'Brien, James, Teach the Principles of Notation, Not Just the Symbols, in: Music Educator's Journal, Nr. 9 (Mai 1974), S. 38–42

Osburn, Leslie, Notation Should Be Metric and Representational, in: Journal of Research in Music Education 14, Nr. 2 (1966), S. 67–83

Ottman, Richard, Elementary Harmony, Englewood Cliffs, N. J. 1961

Perkins, John McIvor, Note Values, in: Perspectives of New Music 3 (1965), S. 47–57

Piston, W., und Mark DeVoto, Harmony, New York 4/1976

Pooler, Frank, und Brent Pierce, New Choral Notation, New York 2/1973

Read Gardner, Music Notation: A Manual of Modern Practice, Boston 2/1969

ders., Modern Rhythmic Notation, Bloomington 1978

Roemer, Clinton, The Art of Music Copying, Sherman Oaks 1973

Rosenthal, Carl, Practical Guide to Music Notation, New York 1967

Ross, Ted, The Art of Music Engraving and Processing, revidierte Ausgabe, New York 1970

Sessions, Roger, Harmonic Practice, Boston 1951

Stone, Kurt, Problems and Methods of Notation, in: Perspectives of New Music 1, Nr. 2 (1963), S. 9–13

ders., Symposium on New Music Notation, in: Contemporary Music Newsletter 7, Nr. 1 (Januar 1973), S. 1–2

ders., Music Notation in the Twentieth Century, New York 1980

Tischler, R., Practical Harmony, Boston 1964

Warfield, Gerald, How to Write Music Manuscript in Pencil, New York 1977

Williams, Ken, Music Preparation: A Guide to Music Copying, New York 1980

Nachtrag zur deutschen Ausgabe

Apel, Willi, The Notation of Polyphonic Music, 900–1600, Cambridge, Massachusetts [5]/1961; deutsch: Die Notation der polyphonen Musik, Leipzig 1962

Chlapik, Herbert, Wie entstehen unsere Noten? Die Praxis des Notengraphikers, Wien 1987

Hader, Karl, Aus der Werkstatt eines Notenstechers, Wien 1948

Karkoschka, Erhard, Das Schriftbild der Neuen Musik, Celle 1966

Artikel »Notation« und »Notendruck«, in: Die Musik in Geschichte und Gegenwart, Band 9, Kassel etc. 1961, Sp. 1595–1695

Artikel »Noten«, »Notendruck und -stich«, »Notenschrift«, in: Riemann Musik Lexikon, Sachteil, Mainz 1967, S. 637–642

Sachwortverzeichnis

Irmgard Heidler, 24. 12. 90